Petra Sparrer

CITY|TRIP
LYON

NICHT VERPASSEN!

2 MUSÉE GADAGNE [B4]
Das historische Museum und das internationale Marionettenmuseum in einem Renaissance-Ensemble mit erholsamem Garten, mitten in der Altstadt (s. S. 76).

5 KATHEDRALE ST-JEAN [B4]
In Lyons Kathedrale spielt ab 12 Uhr stündlich die astronomische Uhr. Es ertönt ein Hahnenschrei und das Orchester der Engel lässt eine Hymne für den hl. Johannes erklingen (s. S. 80).

15 MUSÉE DES BEAUX-ARTS [D3]
Das Museum der Schönen Künste in einem einstigen Kloster mitten im Zentrum braucht sich nicht hinter dem Louvre zu verstecken, ist aber überschaubarer. Sein Garten ist eine kleine Oase mit Skulpturen von Rodin (s. S. 91).

16 FRESQUE DES LYONNAIS [C2]
Die beeindruckende Illusionsmalerei an einer Hauswand am Saône-Ufer zeigt 24 berühmte Stadtbewohner Lyons auf Balkonen (s. S. 93).

29 PARC DE LA TÊTE D'OR UND ZOO [di]
Außergewöhnlich: Der Zoo im weitläufigen Stadtpark mit berühmtem Rosengarten ist frei zugänglich (s. S. 102).

31 MUSÉE LUMIÈRE [fm]
Das Kinomuseum in der Villa der Brüder Lumière zeigt die ersten Kurzfilme im Original, spannende Fotos und kuriose Apparate aus der ersten Stunde von Film und Fotografie. Im Sommer regelmäßig Open-Air-Kino auf dem Platz gegenüber (s. S. 104).

32 MUSÉE URBAIN TONY GARNIER [en]
Es liegt etwas abseits, bietet aber gleich 25 bemalte Hauswände. Die Lyoner Künstlergruppe Cité de la Création und internationale Künstler realisierten sie in einer Siedlung für sozialen Wohnungsbau, die der Architekt und Visionär Tony Garnier in den 1930er-Jahren errichtete (s. S. 105).

Leichte Orientierung mit dem cleveren Nummernsystem
Die Sehenswürdigkeiten der Stadt sind zum schnellen Auffinden mit **fortlaufenden Nummern** versehen. Diese verweisen auf die ausführliche Beschreibung **im Kapitel „Lyon entdecken"** und zeigen auch die genaue Lage **im Stadtplan**.

■ IMPRESSUM

Petra Sparrer
CityTrip Lyon

erschienen im
REISE KNOW-HOW Verlag Peter Rump GmbH,
Osnabrücker Str. 79, 33649 Bielefeld

© Peter Rump 2010
**2., neu bearbeitete und komplett
  aktualisierte Auflage 2011**
Alle Rechte vorbehalten.

ISBN 978-3-8317-2101-6
PRINTED IN GERMANY

Herausgeber und Gestaltungskonzept:
  Klaus Werner
Lektorat: amundo media GmbH
Layout: Günter Pawlak (Umschlag),
  Anna Medvedev (Inhalt)
Fotos: siehe Bildnachweis S. 6
Karten: Ingenieurbüro B. Spachmüller,
  amundo media GmbH
Druck und Bindung:
  Himmer AG, Augsburg

Dieses Buch ist erhältlich in jeder Buchhandlung Deutschlands, der Schweiz, Österreichs, Belgiens und der Niederlande. Bitte informieren Sie Ihren Buchhändler über folgende Bezugsadressen:
  Deutschland: Prolit GmbH, Postfach 9, D-35461 Fernwald (Annerod)
  sowie alle Barsortimente
  Schweiz: AVA Verlagsauslieferung AG, Postfach 27, CH-8910 Affoltern
  Österreich: Mohr Morawa Buchvertrieb GmbH, Sulzengasse 2, A-1230 Wien
  Niederlande, Belgien: Willems Adventure, www.willemsadventure.nl

Wer im Buchhandel trotzdem kein Glück hat, bekommt unsere Bücher auch über unseren Büchershop im Internet:
www.reise-know-how.de

Wir freuen uns über Kritik, Kommentare und Verbesserungsvorschläge:
info@reise-know-how.de

CITY TRIP
LYON

001ly Abb.: ps

INHALT

BENUTZUNGSHINWEISE

CITY-FALTPLAN

Die im Buch beschriebenen Örtlichkeiten
wie Sehenswürdigkeiten, Restaurants,
Hotels, Cafés usw. sind im Kartenmaterial
von Lyon mit Symbol und Nummer eingetragen.

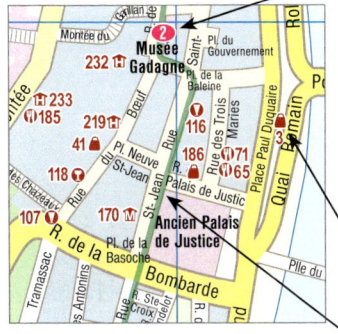

Ortsmarken mit fortlaufender Nummer,
aber ohne Angabe des Planquadrats
liegen außerhalb des im Buch abgebildeten Kartenmaterials. Sie können aber wie
alle im Buch beschriebenen Örtlichkeiten leicht in unseren speziell aufbereiteten
Internet-Karten lokalisiert werden (siehe
hintere Umschlagklappe).

ORIENTIERUNGSSYSTEM

Zur schnelleren Orientierung tragen alle
Hauptsehenswürdigkeiten und Lokalitäten
die gleiche Nummer sowohl im Text
als auch im Kartenmaterial:

❷ Die Hauptsehenswürdigkeiten werden
im Abschnitt „Lyon entdecken"
beschrieben und mit einer fortlaufenden
magentafarbenen Nummer gekennzeichnet, die auch im Kartenmaterial
eingetragen ist.

Stehen die Nummern im Fließtext,
verweisen sie auf die jeweilige Beschreibung der Sehenswürdigkeit im Kapitel
„Lyon entdecken".

🏠3 Mit Symbol und fortlaufender
Nummer werden die sonstigen Lokali-
täten wie Cafés, Geschäfte, Hotels,
Infostellen usw. gekennzeichnet.

❯ Die grüne Linie markiert den Verlauf des
Stadtspaziergangs (s. S. 8).

[E4] Die Angabe in eckigen Klammern
verweist auf das Planquadrat im City-
Faltplan, in diesem Beispiel auf das
Planquadrat E4 der Zentrumskarte.
Die Planquadrate der Stadtgebietskarte
sind mit kleinen Buchstaben benannt,
z. B. [di].

ABKÜRZUNGEN

bvd.	Boulevard
av.	Avenue
EZ/DZ	Einzelzimmer/Doppelzimmer

BEWERTUNG DER
SEHENSWÜRDIGKEITEN

★★★	auf keinen Fall verpassen
★★	besonders sehenswert
★	wichtige Sehenswürdigkeit für spezielle interessierte Besucher

DIE AUTORIN

Petra Sparrer verlor bereits während ihres Romanistikstudiums ihr Herz an Frankreich. Sie verbrachte ein Semester in Paris und drei Monate in Montpellier. Mit einem Stipendium des Deutsch-Französischen Jugendwerks für Journalisten lernte sie die französische Tageszeitung Var Matin mit Sitz in Toulon von innen kennen. Später arbeitete sie in Deutschland als Verlagslektorin, u. a. für einen französischen Buchverlag. Lyon und sein Savoir-vivre entdeckte sie auf Reisen. Heute ist sie als Journalistin, Verlagslektorin und Übersetzerin im eigenen Redaktionsbüro in Köln tätig. Lyon besucht sie regelmäßig, weil das Ambiente, die Menschen und die Feste in dieser liebenswerten Stadt einfach unvergesslich sind.

Für die Unterstützung bei den Recherchen für dieses Buch bedankt sich Petra Sparrer bei Monika Fritsch und Thomas Schmidt von Atout France, bei Romain Raimbault von Rhône-Alpes Tourisme und bei Marine Guy vom Office du Tourisme (Fremdenverkehrsamt) von Lyon.

SCHREIBEN SIE UNS

Dieser CityTrip-Band ist gespickt mit Adressen, Preisen, Tipps und Infos. Nur vor Ort kann überprüft werden, was noch stimmt, was sich verändert hat, ob Preise gestiegen oder gefallen sind, ob ein Hotel, ein Restaurant immer noch empfehlenswert ist oder nicht mehr usw. Unsere Autoren sind zwar stetig unterwegs und erstellen alle zwei Jahre eine komplette Aktualisierung, aber auf die Mithilfe von Reisenden können sie nicht verzichten.

Darum: Schreiben Sie uns, was sich geändert hat, was besser sein könnte, was gestrichen bzw. ergänzt werden soll. Wenn sich die Infos direkt auf das Buch beziehen, würde die Seitenangabe uns die Arbeit sehr erleichtern. Gut verwertbare Informationen belohnt der Verlag mit einem Sprechführer Ihrer Wahl aus der über 220 Bände umfassenden Reihe „Kauderwelsch".

Bitte schreiben Sie an:
REISE KNOW-HOW Verlag Peter Rump GmbH, Postfach 140666, D-33626 Bielefeld, oder per E-Mail an: info@reise-know-how.de

Danke!

BILDNACHWEIS

Die Kürzel an den Abbildungen stehen für folgende Fotografen, Firmen und Einrichtungen. Wir bedanken uns für die freundliche Abdruckgenehmigung.

Umschlag	Fotolia.com/ Andreas Karelias
ch	Armin Hess & Coop Himmelb(l)au
ps	Petra Sparrer (Autorin)

Latest News
Unter **www.reise-know-how.de** werden regelmäßig aktuelle Ergänzungen und Änderungen der Autoren und Leser zum vorliegenden Buch bereitgestellt. Sie sind auf der Produktseite dieses CityTrip-Titels abrufbar.

AUF INS VERGNÜGEN

033ly Abb.: ps

LYON AN EINEM WOCHENENDE

Wer freitags ankommt, kann schon in der Altstadt (Metro Vieux Lyon) spazieren gehen oder sich vom Office du Tourisme an der Place Bellecour ㉑ aus in die Einkaufsstraßen Rue de la République bzw. Victor Hugo stürzen. Für ein erstes, nicht allzu teures Abendessen bieten sich die zahlreichen Bouchons in der Rue Mercière oder in den Gassen des Vieux Lyon an. Viele Bars mit jungem Publikum gibt es in St-Paul ❶. Sehenswert ist die nachts beleuchtete Wandmalerei Fresque des Lyonnais ⑯. Auf das Nachtleben stimmt ein Cocktail in der Soda Bar (s. S. 46) ein.

1. TAG

Morgens

Zunächst bietet sich ein Bummel durch Lyon an. Den **Stadtspaziergang** beginnt man am besten an der Place Bellecour, wo sich auch die Office du Tourisme befindet. Wer lieber einkaufen möchte: Von dem Platz zweigen die großen Einkaufsstraßen Rue de la République und Victor Hugo ab. Wer dem Spaziergang folgen möchte, läuft über die Rue Colonel Chambonnet und über die Saône-Brücke Pont Bonaparte in die Gassen des Vieux Lyon. Von hier fährt eine Seilbahn hinauf zur Basilika ⑪, von wo sich ein herrliches Panorama bietet. Vom Place St-Jean ❹ und der Kathedrale ❺ geht es durch die Rue St-Jean am Musée Gadagne ❷ und

an der Loge du Change ❸ sowie vielen Restaurants und Läden vorbei bis zur Place St-Paul. Abends ziehen hier viele Bars ein junges Publikum an.

Nächste Station ist die Malerei Fresque des Lyonnais ⑯ am anderen Flussufer. Von dort führt der Weg zurück an der Saône entlang. In den Straßen zwischen der Kirche St-Nizier ⑰ und der Oper (s. S. 50) trifft man auf moderne Boutiquen und Cafés. An der Place des Terreaux ⑭ lohnt ein Besuch des Musée des Beaux-Arts ⑮ mit dem hübschen Innenhof.

Hier endet der **Stadtspaziergang** durch das Herz Lyons. Wer noch Lust hat, kann bergan in das Szeneviertel La Croix-Rousse (s. S. 99) laufen. Entlang der Treppen der Montée de la Grande-Côte ㉕ kann man Modeboutiquen entdecken oder im Café Cousu (s. S. 31) junge Designer antreffen. Alternativ fährt man mit der Metro vom Hôtel de Ville aus bis La Croix-Rousse und gelangt direkt auf das Plateau mit dem Boulevard de la Croix-Rousse. Samstags ist der Markt hier besonders groß und lebhaft. Manchmal ist auf dem Platz mit der Statue von Jacquard, der den mechanischen Webstuhl erfand, auch Trödelmarkt.

Mittags

Etwas zum Picknicken bekommt man auf dem Markt. Oder man setzt sich in eins der gemütlichen

---

Routenverlauf im Stadtplan
Der unter „Morgens" beschriebene Spaziergang ist mit einer grünen Linie im Kartenmaterial eingezeichnet.

▶ *Ausflugsboot auf der Saône vor dem Altstadtviertel St-Georges*

◀ *Vorseite: Naherholung am Rhône-Ufer*

Lokale von La Croix-Rousse, z. B. ins Balthaz'art (s. S. 36) oder Café du Gros Caillou (s. S. 100). Wer durch die Innenhöfe „traboulieren" (s. S. 14) oder ein Seidenweberatelier besuchen und historische Webstühle in Aktion sehen möchte, sollte am besten vorher einen Termin für eine Führung am Office du Tourisme (s. S. 110) ausmachen.

Abends

Solange die Geschäfte noch geöffnet sind, bietet sich ein Bummel durch das multikulturelle La Guillotière (s. S. 96) an. Vielleicht gibt es Livemusik im De l'Autre Côté du Pont (s. S. 45). Man kann sich ein luxuriöses Abendessen gönnen, z. B. bei Mathieu Viannay im Mère Brazier (s. S. 41). Oder man flaniert direkt an der Rhône entlang und genießt den Sonnenuntergang, die Terrassen und die Schiffe, die sich nachts in Discos verwandeln. Zu den besten Discos zählen First (s. S. 48), La Voile (s. S. 48) und La Cour des Grands (s. S. 48) (alias La Chapelle), aber erst weit nach Mitternacht ist richtig viel los. Das La Voile am Saône-Ufer ist das einzige Discoschiff in Fußnähe zum Zentrum. Tipp zum Salsa-Tanzen: Mi Barrio (s. S. 48).

2. TAG

Morgens

Mit der Seilbahn von der Metrostation Vieux Lyon oder zu Fuß geht es hinauf zur Basilika von Fourvière ⓫. Von hier bietet sich bei schönem Wetter ein unvergesslicher Blick. Je nach Interesse flaniert man weiter durch den Höhenpark oder den Parc Archéologique ⓭ mit dem gallo-romanischen Museum ⓬. Dann lohnt ein Bummel durch das Vieux Lyon mit dem Musée Gadagne ❷. Am Ufer der Saône ist sonntags ein gemütlicher Kunsthandwerkermarkt (s. S. 18), am gegenüberliegenden Ufer kann man am Quai de la Pêcherie in den Kästen der Bouquinisten stöbern. Am Quai St-Antoine ist bis mittags ein Lebensmittelmarkt.

Mittags

Wer neugierig auf das Ambiente im Bauch von Lyon ist und Meeresfrüchte mag, sollte in den Halles de Lyon (s. S. 19) mittagessen. Am Sonntagnachmittag bietet sich ein Fahrradausflug entlang der Rhône zum Parc de la Tête d'Or ㉙ an.

Abends

Man gönnt sich ein kulturelles Ereignis, zum Beispiel im Maison de la Danse (s. S. 50) oder bei den Nuits de Fourvière (s. S. 11). Oder ein edles Abendessen mit Aussicht über die Stadt, z. B. im Les Terrasses de Lyon der Villa Florentine (s. S. 80). Wer Bocuse (s. S. 42) etwas preiswerter mag, kann in Vaise zwischen Bocuse-FastFood (Ouest-Express) oder Brasseriegerichten (Ouest) wählen und sich im Sommer anschließend auf das kleine Discoschiff Cargo begeben.

▊DAS GIBT ES NUR IN LYON

> *Lichterfest:* Kostenlose Open-Air-Installationen von Lichtkünstlern in der ganzen Stadt rund um den 8. Dezember. An diesem Tag stellen die Lyoner Kerzen auf ihre Fensterbretter und feiern in ihren Wohnvierteln (s. S. 13).

> *Musée Lumière* ㉛: Ein Film- und Fotomuseum im Wohnhaus der Familie der Brüder Lumière, die in Lyon das Kino erfanden.

> *Traboules:* Führungen durch private Höfe, Treppenhäuser und Aufzüge (s. S. 14).

> *Kunst in der Tiefgarage* (s. S. 95)

> Die *Cité de la Création:* eine Künstlergruppe, die Illusionskunst auf die Hauswände bringt (s. S. 56).

ZUR RICHTIGEN ZEIT AM RICHTIGEN ORT

Kulturelle Highlights im Festkalender Lyons sind die hochkarätigen Open-Air-Vorstellungen des Kulturfestivals Nuits de Fourvière, von Juni bis August im römischen Theater von Fourvière. Das Lichterfest im Dezember versetzt die ganze Stadt in einen Ausnahmezustand: unbedingt rechtzeitig ein Hotel reservieren. Alle zwei Jahre im Wechsel sorgt Lyon im Rahmen der Biennalen für Tanz (in den Jahren 2012, 2014 ...) sowie für zeitgenössische Kunst (2011, 2013) für internationale Aufmerksamkeit.

JANUAR BIS MÄRZ

> **Bocuse d'Or**: Von Bocuse gegründeter internationaler Kochwettbewerb Ende Januar im Rahmen der SIRHA, der internationalen Fachmesse für Hotelgewerbe, Gastronomie und Lebensmittelhandel (www.bocusedor.com).

> **Printemps des Poètes**: Dieses Festival Anfang März widmet sich der Lyrik, oft veranstaltet das Goethe-Institut auch Dichterlesungen auf Deutsch (www.printempsdespoetes.com).

> **Festival Quais du Polar**: Ausstellungen, Lesungen und Filme rund um den Krimi im März (www.quaisdupolar.com).

APRIL BIS MAI

> **Elektromusikfestival Les Nuits Sonores** (www.nuits-sonores.com): Mitte Mai kann man an einem Festivalwochenende zu Elektro und Indie abhotten. Bekannte DJs geben ihr Bestes. Etwa 40 Veranstaltungsorte mit Partystimmung und Livemusik.

> **Vintage-Mode-Markt:** Am letzten Maiwochenende bieten internationale

Händler Kleidung mit Geschichte von den 1950er- bis zu den 1980er-Jahren an. In der Innenstadt und in vier Ausstellungshallen (www.marchemodevintage.com).

JUNI BIS AUGUST

> **Salsa-Festival:** Dreitägiges Salsa-Festival am letzten Juniwochenende. Konzerte, Tanz, Party und Latino-Ambiente, wechselnde Locations, 2011 im Transbordeur (s. S. 50).

> **Nuits de Fourvière:** Von Juni bis August ist das römische Theater Schauplatz eines Kulturfestivals mit Konzerten, Tanz und Theater, das über die Grenzen der Stadt bekannt ist und jedes Jahr Hunderttausende Besucher anzieht.

> **Tout l'monde dehors:** Das Festival präsentiert von Juni bis Ende August 250 kostenlose Open-Air-Veranstaltungen (Theater, Tanz, Filme, Livemusik etc.) auf den Straßen, Plätzen und in den Parks von Lyon (www.tlmd.lyon.fr/tlmd/).

> **Biennale für Tanz (2012, 2014 ...):** Alle zwei Jahre herrschen in Lyon im Juli Temperament und Rhythmus wie in Rio de Janeiro: 4500 Mitglieder von Tanz- und Balletgruppen defilieren beim großen Open-Air-Umzug der Biennale de la Danse, dem größten Tanzfestival der Welt, das über 300.000 Zuschauer verzeichnet. Auf den Bühnen und in den Straßen zeigen knapp vier Wochen lang über 50 Tanztruppen in mehr als 200 hochkarätigen Aufführungen ihr Können, vom klassischen Tanz über Jazztanz, Tapdance und Flamenco bis zum Hip-Hop. Fünf Lyoner Choreografen des Maison de la Dance (s. S. 50) schufen das Festival 1984 (www.biennale-de-lyon.org).

> **Jazz à Vienne:** Jazzfestival im römischen Theater in Vienne. Ende Juni/Anfang Juli ca. 10 Tage Jazz, Blues, Funk und Weltmusik vom Feinsten (www.jazzavienne.com, s. S. 104).

> **Journées Gallo-Romaines:** Fest der Römer und Gallier auf dem Gelände des gallorömischen Museums ⑫ in St-Romain-en-Gal am 1. Juni wochenende.

SEPTEMBER

> **Biennale für zeitgenössische Kunst** (www.biennaledelyon.com): Sie wird alle zwei Jahre (2011, 2013) im September eröffnet und zeigt bis Januar Werke, Installationen und Performancekunst nationaler und internationaler zeitgenössischer Künstler. Hauptschauplätze sind La Sucrière (s. S. 59), das Musée d'Art Contemporain (s. S. 53), das MAPRA (s. S. 59) und die Fondation Bullukian (s. S. 59).

> **Sens interdit:** Lyons internationales Theaterfestival. Alle zwei Jahre (2011, 2013 ...), z. B. im Théâtre des Célestins mit spannenden Gastspielen (im Voraus reservieren).

GESETZLICHE FEIERTAGE

> **1. Januar:** Neujahr (Jour de l'An)
> **Ostermontag (Lundi de Pâques):** Ostern
> **1. Mai:** Tag der Arbeit (Fête du Travail)
> **8. Mai:** Waffenstillstand 1945 (Fête de l'Armistice)
> **Mai./Juni:**Christi Himmelfahrt (Ascension)
> **14. Juli:** Nationalfeiertag (Fête Nationale de la France)
> **15. August:** Mariä Himmelfahrt (Assomption)
> **1. November:** Allerheiligen (Toussaint)
> **11. November:** Waffenstillstand 1918 (L'Armistice de 1918)
> **1. Weihnachtsfeiertag, 25. Dezember:** Weihnachten (Noël)

> **Tupiniers du Vieux-Lyon:** Töpfermarkt regionaler Keramikhersteller rund um die Kathedrale St-Jean **❺** .

OKTOBER

> **Lyoner Filmfestival:** Lyons Filmfestival Lumière findet Mitte Oktober statt. Die Schirmherrschaft des ersten Festivals im Jahr 2009 hatte Clint Eastwood. Jährlich zeigen die 34 Kinos des Grand Lyon die vom Institut Lumière in Monplaisir, dem Veranstalter, ausgewählten Filmhits.

> **RuninLyon:** Marathonlauf durch die Stadt. Es gibt auch einen 10-km-Lauf und einen Halbmarathon. Man kann sich unter www.runinlyon.com anmelden und informieren.

▼ *Riesenrad an der Place Bellecour* **㉑** *beim Lichterfest*

NOVEMBER BIS DEZEMBER

> **Marché des Soies** (Seidenmarkt, www. intersoie.org): Seidenmarkt im Palais du Commerce an vier Tagen Ende November. Mit Vorführungen an historischen Webstühlen und Vorführungen für Kinder.

> **Fête du Beaujolais Nouveau:** „Le Beaujolais nouveau est arrivé!" Jährlich erhellt diese Ankündigung die tristen Novembertage. Der Beaujolais nouveau (oder auch Primeur genannt) darf ab dem dritten Donnerstag im November verkauft werden, und das wird gefeiert (s. S. 27).

> **Lyoner Barockmusikfestival** (Chapelle de la Trinité, www.lachapelle-lyon.org): Beliebtes Barockmusikfestival mit Konzerten im November und Dezember in der Dreifaltigkeitskapelle (29–31 rue de la Bourse).

OO8ly Abb.: ps

❯ **Weihnachtsmarkt:** Ende November bis zum 24. Dezember wird am Bahnhof Perrache aufgebaut. Einige Stände und ein Streichelzoo verbreiten auch an der Place de la Croix-Rousse Weihnachtsstimmung.

❯ **Fête des Lumières:** Lyons Lichterfest findet jedes Jahr an vier Tagen rund um den 8. Dezember statt (s. Exkurs unten). Die Lyoner stellen Kerzen auf die Fensterbänke und Künstler tauchen die Stadt mit Installationen in Licht.

MERCI MARIE – IMPRESSIONEN ZUM LICHTERFEST

Statt Autos füllen Menschenmengen die Innenstadt, Polizei und Sicherheitspersonal an Ampeln, Brücken und Metroeingängen, improvisierte Stände mit Glühwein („vin chaud"), spontane Straßenmusik - beim Lichterfest herrschen vier Tage rund um den 8. Dezember meist **gut organisiertes Chaos und Volksfeststimmung.** *Kostenlose Lichtinstallationen setzen Plätze, Kirchen und Monumente ab 18 Uhr künstlerisch in Szene. An der Place des Terreaux* ⓮ *vor dem Rathaus drängen sich die Menschen im Zehnminutentakt, um jedes Jahr wieder das Klang- und Lichterlebnis zu bestaunen und den Platz dann durch den Ausgang („sortie") in der polizeilich verordneten Verkehrsrichtung („sens de la circulation") wieder zu verlassen. Wer alle Lichtshows von renommierten Künstlern, aber auch Studenten sehen möchte, läuft stundenlang mit der fröhlich schwatzenden Menge durch die Stadt.*

Das Lichterfest ist ein touristisches Highlight und zieht trotz Dezembergrau ca. vier Millionen Besucher im Jahr an. Tipp: Das Hotel schon ein Jahr zuvor reservieren und das Restaurant oder die Führung schon vor der Anreise. Das Fest hat seinen **religiösen Ursprung im Marienkult** *(s. S. 83) Heute ist es ein Top-Verkaufsschlager und man kann zwischen Schattenthea-ter und leuchtenden Marionetten das Weihnachtsshopping erledigen. Den Bewohnern Lyons liegen die feierlichen Momente besonders am Herzen. Der eigentliche Festtag ist für sie der 8. Dezember. Dann stellen sie als Dankeschön an ihre Jungfrau Maria Kerzen in Gläschen („lumignons") auf ihre Fensterbänke. Gläubige pilgern durch den Rosengarten zur Basilika von Fourvière. In den Vierteln treffen sich die Nachbarn zum Verkosten von Suppen, oder man trifft sich in Künstlerateliers bzw. auf Plätzen, wo spontan oder organisiert getanzt oder gesungen wird. So genießen sie ihre für einige Tage im rechten Licht glänzende Stadt.*

Veranstalter ist die Stadt in Zusammenarbeit mit Sponsoren. Kostenpunkt in den vergangenen Jahren: 2 Mio. Euro, davon 3500 Euro für den zusätzlichen Energiebedarf. Gerade im für nachhaltige Entwicklung vorbildlichen Lyon wird dies **immer wieder kritisch diskutiert.** *Doch die positive Bilanz für Tourismus und Prestige wiegt schwerer. Das Fest ist in seiner Art einzigartig, schafft viele kurzfristige Arbeitsplätze und unterstreicht Lyons international führende Rolle in Sachen städtisches Beleuchtungskonzept. Als kulturelles Highlight, das die Herzen bewegt wie der Karneval in seinen Hochburgen, schweißt es die Bewohner zusammen.*

LYON FÜR CITYBUMMLER

ZU FUSS

Lyon hat Ecken für Träumer und Hektiker. Sich in dieser Stadt zurechtzufinden, ist für Fußgänger wesentlich leichter als für Autofahrer. Kommerzielles Zentrum mit dem Rathaus ⑭, der Oper (s. S. 50) und dem Musée des Beaux-Arts ⑮ ist die *Presqu'île* (Halbinsel) zwischen den beiden Flüssen. Drei parallel verlaufende Geschäftsstraßen durchziehen die verkehrsreiche und lebhafte Halbinsel. Hinter der Place Bellecour ㉑ beginnt das Viertel der Antiquitätenhändler entlang der Rue Auguste Comte. Ruhige Straßen mit **eindrucksvollen Bürgerhäusern** umgeben die romanische Kirche St-Martin d'Ainay ㉒. Durch viele Seitenstraßen auf der Presqu'île sieht man entweder das Wasser der Saône oder der Rhône schimmern. Hinter der Saône mit ihren schmalen, beschaulichen Ufern liegen von der Halbinsel aus gesehen Vieux Lyon und der Hügel von Fourvière mit der markanten Basilika ⑪ als Orientierungspunkt. Die Rive Gauche befindet sich von der Presqu'île aus gesehen an der gegenüberliegenden Seite der Rhône. Hier kann man kilometerweit an den Berges du Rhône (Rhône-Ufer) entlanggehen, joggen oder radeln.

Das Flair alternativer Viertel wie in Berlin oder Leipzig prägen La Guillotière (s. S. 96) am Rive Gauche, während das funktionale und fußgängerunfreundliche La Part-Dieu ein wenig an Lyons Partnerstadt Frankfurt am Main erinnert. In den noblen Avenues und Boulevards von Massena und Les Brotteaux kommt man sich dann schnell wieder vor wie im schicken Paris. Lyons Mode- und Künstlerszene

▮ HAUSDURCHGÄNGE – DIE TRABOULES

*Das Wort, das diese Lyoner Besonderheit bezeichnet, stammt vom lateinischen „transambulare" – hindurchgehen. Man sollte zwar Rücksicht nehmen, aber unbedingt seine **Hemmungen überwinden**, vielleicht in die Privatsphäre der Bewohner einzudringen. Es kann sogar ein wenig abenteuerlich sein, die manchmal spärlich beleuchteten Durchgänge zwischen den Häusern und die Korridore, die von Innenhof zu Innenhof führen, bis zur nächsten Parallelstraße zu durchqueren. In der engen Altstadt, wo es die meisten Traboules gibt (Extratipp s. S. 74), war kein Platz für zusätzliche Querstraßen und daher nutzen die Bewohner diese Durchgänge als Abkürzungen. Insgesamt ca. 400 Traboules soll es in ganz Lyon geben, allerdings sind etliche heute geschlossen. Sesam öffne dich – in manchen Fällen kennen nur die Touristenführer des Fremdenverkehrsamts die Codes für die Haustüren. Wer nicht lange suchen möchte, schließt sich am besten einer Führung an.*

Am Hang von La Croix-Rousse führen die Traboules durch Treppenhäuser, manche integrieren Aufzüge, um schnell Höhenunterschiede zu überwinden. Besonders spektakulär ist die

hat sich an den Hängen von La Croix-Rousse niedergelassen. Treppen führen oberhalb der Place des Terreaux ⑬ hinauf. Das Plateau von La Croix-Rousse ist wie eine Welt für sich. Zwischen den Seidenweberhochhäusern aus dem 19. Jh. mit ihren hohen

Traboule Cours des Voraces (9 place Colbert). Durch eine Allee und zwei Gebäude führt sie über sieben Etagen in eine Parallelstraße weiter unten am Hang. Schon in der Renaissance hieß es, man träfe auf dieser Art von Wegen nicht unbedingt immer auf die beste Gesellschaft, denn es waren auch **gute Verstecke oder Fluchtwege.** *Insbesondere im Zweiten Weltkrieg dienten diese nicht auf Plänen verzeichneten geheimen Gänge der Résistance. Heute haben die Bewohner einiger Häuser ein Abkommen mit der Stadt: Sie öffnen ihre Hausdurchgänge tagsüber für die Öffentlichkeit. Dafür übernimmt die Stadt z. B. die Säuberung oder Beleuchtung. Im Vieux Lyon sind einige Häuser ohnehin städtische Sozialwohnungen. In La Croix-Rousse fließen auch schon mal städtische Gelder für die Renovierung und die Hausbewohner nehmen dafür den Durchgangsverkehr der mit Fotoapparaten gerüsteten Touristen in Kauf. In dem alten Seidenweberviertel wurde früher die Seide durch die Traboules getragen, um sie vor Regen zu schützen. Jedenfalls wundert sich in Lyon niemand über Fremde im Hof und man kann ruhig mal neugierig einem Briefträger hinterhergehen, um den Weg zu erkunden. Innenhöfe mit Bogengalerien, Gänge mit Spitzbogengewölben oder Balkenverzierungen, hübsche Wendeltreppen, schmiedeeiserne Gitter und Geländer sowie alte Brunnen locken Architekturliebhaber auf diese ungewöhnlichen Stadtspaziergänge. Und auch Kindern machen sie viel Spaß.*

064/y Abb.: ps

Durchgängen, die wie eine Sackgasse in einen Hof münden und dort enden, haben Lyoner Experten einen eigenen Namen gegeben: „*Miraboules*". *Dieses Wort entstand durch eine Mischung von Traboule und „admirer" (bewundern).*

▲ *Voller Geheimnisse: Lyons Hinterhöfe und Hausdurchgänge*

Räumen herrscht eine gemütliche, nachbarschaftliche Atmosphäre. Der Markt und viele kleine Eckbistros dienen noch als preiswerte Treffpunkte für die Bewohner.

Die höchste **Dichte an Sehenswürdigkeiten** hat das Renaissance-ensemble der **Altstadt** (Vieux Lyon), das mit Fourvière Unesco-Weltkulturerbe ist. Ihre Kopfsteinpflastergassen laden zum Bummeln und Verweilen ein. Mehrere steile Treppen mit schönem Blick (Extratipp s. S. 75) führen auf den Hügel Richtung Fourvière.

PER TOURISTENBUS

Die Doppeldeckerbusse von „Le Grand Tour" (www.lyonlegrandtour.com) halten auf ihren Stadtrundfahrten an neun Zwischenstopps: Bellecour, Pont Kitchener, Vieux Lyon, Basilika Notre Dame de Fourvière **⓫**, Friedhof Loyasse, Place des Terreaux **⓮**, Square Jussieu, Pont Wilson/ Childebert, Romain Rolland. Die Fahrkarten bekommt man im Tourismusbüro von Lyon. Mit der Lyon City Card ist die Tour preiswerter. Das Ticket gilt den ganzen Tag über, man kann **beliebig ein- und aussteigen** und gewinnt einen guten ersten Überblick über die Stadt.

TOURISTENTAXIS

In Lyon gibt es Touristentaxis (www. lyon-taxis-touristiques.com, auf Englisch). **Speziell ausgebildete Taxifahrer** mit Fremdsprachenkenntnissen informieren über die Sehenswürdigkeiten und legen nach Wunsch Zwischenstopps in der Lyoner Innenstadt oder der Umgebung ein. Eine Stunde kostet ca. 30 €. Kultige Alternative: Man kann sich in einer Ente

Lyon City Card
Mit der Lyon City Card kann man alle öffentlichen Verkehrsmittel Lyons unbegrenzt nutzen, bekommt freien Eintritt in über 18 Museen und Ausstellungen und Rabatt in vielen Geschäften sowie bei Veranstaltungen. Mit der Karte kostenlos: eine Führung des Tourismusbüros Lyon und eine Schiffsrundfahrt von LyonCityboat. **Online ist die Karte billiger.** Für 1/2/3 Tage kostet sie 21/31/41 € (www.de.lyon-france.com).

(2 CV) durch Lyon kutschieren lassen (www.4roues-sous-1parapluie.com, 79 € für zwei Personen im Taxi). Die Fahrer sprechen deutsch und es gibt mehrere Routen, darunter auch eine Feinschmeckertour.

Mit dem **Cyclopolitain** (Tel. 04 78303590, www.cyclopolitain.com), einer dreiräderigen Fahrradriksha mit Elektroantrieb für zwei Personen, kommt man in Lyon umweltfreundlich und preiswert zum Ziel: Pro Person und Kilometer kostet die Fahrt 1 €. Die sogenannten Cyclonauten radeln auch durch Fußgängerzonen und über Fahrradwege. Für 35 € pro Stunde und zwei Personen werden auch Stadtrundfahrten angeboten.

Bike & See (www.bike-and-see.fr) bietet thematische Rundfahrten auf Fahrrädern mit Elektroantrieb an. Das Rad kostet für 2 Std. 19 €, mit iPhone-Guide 29 €.

LYON FÜR KAUFLUSTIGE

Im reichen Lyon, historischem Tummelplatz der Kaufleute und Seidenweber, ist Geldausgeben gewiss keine Kunst. Französischer Schick, Chocolatiers und Delikatessen verführen überall, und sei es auch nur zum Schauen. Mode und Haute Couture werden in Lyon mit illustren Namen wie Nathalie Chaize (6 rue Gasparon), Max Chaoul, Nicolas Fafiotte, Louise Della, Zilli (4 rue du Président), Garbis Devar, Nina Ricci, Marie Michaud, Jean-Claude Trigon und Azuleros verbunden.

Im Carré d'Or um die Place Bellecour **㉑** und das Théâtre des Célestins haben sich etliche Luxusboutiquen angesiedelt, darunter Louis Vuitton, Christian Dior, Cartier, Hermès, Olivier Strelli, Sonia Rykiel und Hugo

Boss. Zilli (www.zilli.fr) gründete 1965 in Lyon sein erstes Schneideratelier und hat heute 30 Boutiquen für Männermode in diversen Ländern. Ob **Delikatessen, Prêt-à-Porter, Mode oder Vintage**, www.tendancepresquile.org zeigt einige der interessantesten Adressen. Antiquitätenhändler und Galerien, aber auch hippe Deko- und Designläden säumen die Rue Auguste Comte. Die Fußgängerzonen Rue Victor Hugo und Rue de la République, in Lyon einfach Ré genannt, ziehen sich vom Bahnhof Perrache bis zur Handelskammer (Metro Cordeliers) fast über die gesamte Presqu'île. Hier sind internationale Marken von Esprit bis Zara vertreten sowie die FNAC und die Kaufhäuser Printemps, Monoprix und Tati. Altmodische, charmante Läden liegen in der überdachten Passage de l'Argue aus dem 19. Jh.

An der Montée de la Grande-Côte kommt man an den **Boutiquen junger Modeschöpfer** vorbei. In der Passage Thiaffait fördert die Vereinigung Village des Créateurs Nachwuchstalente, die ihre eigenen Existenzen gründen möchten. Hier lohnt auch ein Blick in den Laden der Modehochschüler Le Tube à essai (s. S. 20). Im Café Cousu (s. S. 31) trifft man die hiesigen Designer auch manchmal persönlich.

Rund 260 Läden, darunter das Kaufhaus Galeries Lafayettes, die FNAC und Decathlon, beherbergt das funktionale Einkaufszentrum Part-Dieu neben dem Bahnhof Part-Dieu. Von hier sind es zu Fuß fünf Minuten zu den Halles Paul Bocuse (s. S. 19), wo man jedes kulinarische Luxusprodukt aus Lyon findet. An der Edeleinkaufsmeile Cours Franklin Roosevelt (Metro Foch) liegen sich zwei Chocolatiers direkt gegenüber, die in Lyon jeder kennt und rühmt: Bernachon (s. S. 21) und Richart (s. S. 22). Afrikanisches,

Orientalisches und Chinesisches von Kleidung bis Kulinaria sowie studentische Preise bieten die kleinen Läden des multikulturellen La Guillotière (s. S. 96) zu beiden Seiten des Cours Gambetta. Tees, Gewürze, Oliven und außereuropäische Lebensmittel in und Fülle findet man in dem armenischen Feinkostsupermarkt Bahadourian (s. S. 21).

Pâtisserien und viele auch sonntags geöffnete **Souvenirgeschäfte** findet man vor allem im Altstadtviertel St-Jean. Hier gibt es Postkarten, alternative Markenkleidung, Weine und Lyon-Devotionalien wie Kasperlepuppen, Austernmesser und Bocuse-Schürzen. Sonntags kann man über den Kunsthandwerkermarkt am Ufer der Saône bummeln.

▲ *Louise Della: extravagante Mode, von einer Malerin kreiert (s. S. 20)*

011ly Abb.: ps

▲ *Kultiges zum Verschenken von Tango-déco (s. S. 19)*

012ly Abb.: ps

▲ *Frisches vom Bauernhof gibt es auf dem Marché de la Croix-Rousse*

013ly Abb.: ps

EINKAUFSTIPPS

Märkte und Markthallen

🔒**1** [C2] **Halles de la Martinière,** rue de la Martinière, Bus 1 oder 18, Di–Sa 6.30–19.30 Uhr. In der kleinen Markthalle von 1840 werden Lebensmittel verkauft.

🔒**2** [C3] **Marché aux Bouquinistes,** quai de la Pêcherie, Sa/So 9–18 Uhr. Wenn die Bouquinisten ihre Kästen öffnen, kommt am Ufer der Saône Pariser Flair auf.

🔒**3** [C4] **Marché de la Création,** quai Romain Rolland, So 9–14 Uhr. Auf dem Kunsthandwerkermarkt am Altstadtufer der Saône bieten lokale Maler, Künstler, Schmuckdesigner und Schneiderinnen ihre Kreationen feil. Hübschen Schmuck designt z. B. Valérie Thibaux (www.atomecrochu.com), originelle Textilien und Accessoires findet man bei Auréole und schnell ins Gespräch kommt man überall.

🔒**4** [B1] **Marché de la Croix-Rousse,** bvd. de la Croix-Rousse, Metro Croix-Rousse, tägl. 7–13 Uhr, außer Mo, Sa-vormittags biologischer Markt. Dieser farbenfrohe Lebensmittelmarkt mit Viertelflair hat ein Riesenangebot und gilt als der preiswerteste.

🔒**5** [E5] **Marché du Quai Victor Augagneur,** Metro La Guillotière, Do 15–19 Uhr und So vormittags. Lebensmittelmarkt.

🔒**6** [C4] **Marché St-Antoine,** quai St-Antoine, Metro Bellecour, tägl. 7–13 Uhr, außer Mo. Auf diesem Lebensmittelmarkt am Saône-Ufer bummelt auch so mancher Koch gern. Die frischen Produkte der Saison sind verführerisch.

Geschenke

🔒**7** [C6] **Inedito,** 26 rue Ste-Hélène. Designerobjekte, Vintageartikel und handliche Kreationen zeitgenössischer Designer.

🔒**8** [ci] **Elsa Somano,** 17, rue du Mail. Die Inhaberin kreiert hübsche Tisch- und Hängelampen, z. B. mit in Metall geritzter Weltkarte.

■DER BAUCH VON LYON

Eine Glastür in einem flachen Bau zwischen den Hochhäusern von La Part-Dieu führt in **Lyons Feinschmeckerreich.** *Optisch ist dies sicher nicht der von Émile Zola beschriebene „Bauch von Paris", aber Gourmetherzen schlagen hier trotzdem schneller. Lyons kulinarische Szene schwört auf ihre Hallen. Man kommt gern hierher, um an den Ständen oder in den Restaurants Delikatessen zu verzehren, am liebsten Austern und Meeresfrüchte. Man kennt sich, tauscht sich aus und genießt die Nähe zu Händlern und Restaurantbesitzern, deren Namen in der ganzen Stadt bekannt sind.*

Nahezu unumgänglich ist ein Besuch am Stand der Mère Richard, berühmt für ihren überirdischen Käse St-Marcellin. Hier und bei Maréchal bekommt man eine erlesene Auswahl französischer Käse und Weine. Direkt nebenan lassen die himbeerrot leuchtenden „tartes pralines" des Maison Jocteur, dem Bäcker der l'Îles Barbes, das Wasser im Mund zusammenlaufen. Bei Sève, zu einem der zehn besten Chocolatiers Frankreichs gekürt, verführt ein buntes Sortiment an „macarons". Diese kalorienreichen, aber leichten, für das Reisegepäck konzipierten Köstlichkeiten gibt es nicht nur süß, sondern auch mit „Foie gras" oder Champignons. **Sofortverzehr quasi obligatorisch.** *An den Nachbarständen glänzen Terrinen verführerisch in Smarties-Farben. Rolle ist der Spezialist für Räucherlachs, Kaviar und Gänseleber, Fisch kaufen Feinschmecker bei Pupier, Fleisch bei Trolliet und Geflügel bei Clugnet. Bei den Wurstwaren gibt Sibilia den Ton an. Und noch einer hat es in Lyons heilige Hallen geschafft: Der Armenier Bahadourian (s. S. 21) mit einem Riesensortiment aus Gewürzen, Reis, Tee Kaffee und orientalischen Spezialitäten.*

■10 *[G3]* **Halles Paul Bocuse,** *102 cours Lafayette, Metro Place Guichard, Di bis Sa 7-19 Uhr, Restaurants auch abends, So bis 14 Uhr*

■9 [C7] **Tango-déco,** 30 rue des Remparts d'Ainay. Schräger Designerladen mit originellen Geschenk- und Dekoartikeln sowie kleinen Kultobjekten vom Schlüsselanhänger bis zum modischen Accessoire.

◀ *Marché de la Création: Hier verkauft z. B. Valérie Thibaux ihren Modeschmuck*

Mode

■11 [C2] **Antoine & Lili,** 2 rue de Fargues. Mode für Frauen und Kinder. Hübsche Tücher, Schals, Ketten, Taschen etc. Gegenüber dem Théâtre des Célestins.

■12 [E7] **Cauris,** 28 rue Montesquieu. Laden für afrikanische Wax (traditionelle bunte Tücher) und Kosmetik in La Guillotière.

■13 [dj] **Coup de Coeur,** 72 cours Vitton. Kleider, Shirts, Schickes für abends und jeden Tag zu erschwinglichen Preisen.

■14 [C6] **De Long En Large,** 4 rue Victor Hugo. Hüte, Taschen und Schals für alle Anlässe, teils aus echter Lyoner Seide.

■15 [C1] **En bobine Moi,** 21 rue René Leynaud. Umgarnende Designertextilien aus hochwertigem Material für Frauen, in begrenzter Auflage und nach Maß.

16 [D2] **Laspid.com**, 3 Place du Griffon. Sébastien und Franck verkaufen in ihrem Laden und online umweltfreundliche Baumwoll-T-Shirts, Taschen und Accessoires. Alle 15 Tage entwickeln sie neue Serien mit originellen Aufdrucken.

17 [C2] **Lili Kaiali**, 91 montée de la Grande Côte. Die junge Schöpferin dieser Marke Eliane Caiado hat Kunstgeschichte, Modedesign und Archäologie studiert. Sie schneidert in ihrem Laden Kleider, Schals und Modeschmuck zu erschwinglichen Preisen.

18 [D2] **Le Tube à essai**, Passage Thiaffait, 19 rue René Leynaud. Die Versuchsboutique der Studenten der Modehochschule Lyons zeigt stets Kreationen französischer und internationaler Modeschöpfer.

19 [C6] **Louise Della**, 11 rue Auguste Comte. Die Modeschöpferin Blandine Laneyrie Della Torre ist auch Malerin. Ihre Motive schmücken farbenfrohe, frische Einzelstücke – Blusen, Kleider und Accessoires.

20 [D5] **Ma Petite Robe Noire**, 8 rue Gasparin. Kleines Schwarzes gefällig? Hier findet man ab 120 € mehr als 100 Modelle. Todschick – von Claudie Pierlot bis Karl Lagerfeld.

21 [D2] **Marmelade en Balade**, Passage Thiaffait, 19 rue René Leynaud. Stilvolle und farbenfrohe Designerkleidung für Kinder von drei Monaten bis acht Jahren.

22 [C6] **Max Chaoul**, 7 rue François Dauphin. Lyon ist auf ihn stolz, denn er wurde schon zum sechsten Mal in Folge in New York und Paris als bester französischer Modeschöpfer geehrt. Wer sich inspirieren lassen möchte, kann sich in seinem Laden umsehen.

23 [C5] **Nicolas Fafiotte**, 8 rue du Plât. Der Modeschöpfer designt spektakuläre Hochzeits-, Cocktail- und Abendkleider nach Maß und auch schon mal das passende Outfit für die nächste Miss France. Man kann ja mal reinschauen und ein wenig träumen.

24 [G2] **NoHa**, 42 rue de la Tête d'Or. Hübsche Mode für junge Frauen. Die Preise sind o.k.

25 [C2] **Popleen**, 15 rue d'Algérie. Aktuelle junge Mode zu zivilen Preisen.

26 [C6] **Trendy**, 26 rue de la Charité. Markenkleidung für Frauen und Männer – Ralph Lauren, Hugo Boss, D&G, Neil Barrett, Centre Ville, Alessandro Segafredi, Premita.

Dessous

27 [D5] **Darjeeling**, 39 Rue de la République, www.darjeeling.fr. Hübsche Markendessous, immer mal wieder Sonderangebote. Auch Bademoden.

28 [D2] **Princesse Tam Tam**, 33 rue Prés Edouard Herriot. Modische Dessous.

29 [F6] **Leah K**, 21 Cours Gambetta. Topboutique auch für Übergrößen.

015ly Abb.: ps

◀ *Über die Landesgrenzen hinaus bekannt: der Lyoner Modeschöpfer Nicolas Fafiotte*

014/ly Abb.: ps

Seide

🔒**30** [D3] **Giles Hévair,** 14 rue de Brest. So heißt die Marke, nicht der Inhaber: Philippe Beltoise schneidert in seinem Laden nach Maß Westen und Krawatten aus Seide. Frauen finden hübsche Seidenschals, die er auch individuell designt. Auch kompetente Beratung zu den Eigenschaften von Seide und ihrer Herkunft, allerdings auf Französisch.

🔒**31** [C6] **Le Comptoir des Couleurs,** 26 rue Auguste Comte. Schals und Accessoires aus Lyoner und birmanischer Seide, tibetischem Pashmira, Kaschmir und Patchwork.

🔒**32** [D6] **Nina Création,** 7 rue de la Charité. Taschen, Schals und schicke Accessoires aus Seide sowie maßgeschneiderte Einzelstücke.

🔒**33** [B5] **Soireries St. Georges,** 11 rue Mourguet. Metro Vieux Lyon. Im hinteren Teil des Ladens hat Ludovic sein Seidenweberatelier. Er kennt sich mit den traditionellen Techniken der Seidenweberei aus und lässt sich von Interessierten bei der Arbeit über die Schultern schauen.

Delikatessen

🔒**34** [F6] **Bahadourian,** place Djebraël, Metro Guilletière, Mo–Fr 8–12.30, 14.30–19.30, Sa 8–19.30 Uhr. Originalausgabe des orientalischen Feinkostsupermarkts, der auch in den Halles Paul Bocuse vertreten ist. Man folgt der Rue Paul Bert und der Laden liegt Ecke Rue Moncey/Rue Villeroy.

🔒**35** [F2] **Bernachon,** 42 cours Franklin Roosevelt, Metro Foch. Hier unbedingt einen Kakao trinken. Lyons Schokoladenpapst Maurice Bernachon ist mit der Tochter von Bocuse verheiratet. Heute führen Sohn und Tochter die Pâtisserie, die Schokoladenfabrik und den Salon de thé. Kakaobohnen vom Feinsten werden von Madagaskar bis Sri Lanka aus rund zehn Ländern importiert.

🔒**36** [C5] **Chorliet,** 12 rue du Plat, Metro Bellecour. Würste und Quenelles (s. S. 29)

▲ *Philippe Beltoise in seinem Laden und Atelier Giles Hévair (s. oben)*

🔴**37** [C5] **Giraudet,** 2 rue du Colonel Chambonnet, Metro Bellecour. Feinkostladen mit raffinierten Suppen und Quenelles zum Sofortverzehr und Mitnehmen.

🔴**38** [C5] **La Crèmerie de Charlie,** 9 rue du Plat, Metro Bellecour. Der kleine Laden bietet feine Käse, die auch gern flugtauglich eingepackt werden. Wer sich vor lauter Käse nicht entscheiden kann, wird von der charmanten Besitzerin beraten.

🔴**39** [D6] **Pignol,** 8 place Bellecour. Traiteur – Feinkostladen mit fantastischem Pâtisserieangebot. Hier lohnt es, u. a. die Brioches zu probieren.

🔴**40** [F2] **Richart,** 1 rue du Plat und 35 cours Franklin Roosevelt. Dieser renommierte Chocolatier gegenüber von Bernachon setzt in der optischen Gestaltung seiner Pralinen auf Minimalismus. Zentraler ist die Filiale in der Rue du Plat (Metro Bellecour).

Wein

Viele Weinläden bieten auch Degustationen oder sind zugleich Weinbars (s. S. 46) und man bekommt gute offene Weine bereits ab 6 €.

🔴**41** [B4] **Antic Wine,** 18 rue du Bœuf. Mehr als 4000 Weine aus 17 Ländern, alle guten Weine der Region und individuelle Beratung. Inhaber Georges dos Santos ist Kenner, Koryphäe, Medienattraktion und Sammler. Ein paar Schritte weiter im Georges Five (32 rue du Bœuf) bietet er Kurse und Degustationsmenüs (nach Voranmeldung, www.georgesfive. com). Man kann auch an den freien Abenden dazwischen einfach mal vorbeischauen und Szeneduft schnuppern. Ein besonderer Tipp mitten im Vieux Lyon.

🔴**42** [F2] **Vavro & Co,** 46 cours Franklin Roosevelt, www.vavroandco.com. Mit modernen Materialien designter, sehr heller, großer Weinladen, in dem man von den Besitzern Blaise und Erica Vavro kompetent beraten wird. Vom Styling her die Antithese zu Antic Wine.

Antiquitäten

In Lyon gibt es **rund 650 Antiquitätenläden.** Viele haben sich in der Rue Auguste Comte [C6/C7] (www. quartieraugustecomte.com) und den Nebenstraßen nahe der Place Bellecour angesiedelt. Die meisten übrigen residieren etwas abgelegener auf zwei Etagen und 4000 m² im modernen Gebäude der Cité des Antiquaires (www.cite-antiquaires.fr, Do, Sa und So 10–19, Fr 14–19 Uhr) in Villeurbanne (117 bvd. de Stalingrad). Man erreicht es am besten per Auto oder Fahrrad.

Im Quartier Auguste Comte geht es am lebhaftesten zu, wenn die Händler im Frühling und Anfang Oktober zwei lange **Nächte der offenen Tür** organisieren, den Tapis vert und den Tapis rouge. Dann werden auf der Straße ein grüner bzw. roter Teppich ausgerollt und man kann bei Wein, Häppchen und Geselligkeit die Läden durchstreifen. Viele Händler sind spezialisiert, z. B. auf Möbel aus dem 17. bis 19. Jh., Jugendstilmöbel oder Designerstücke aus den 1960er-Jahren sowie Schmuck, Geschirr und Gemälde.

Bücher, CDs und DVDs

In Lyons größeren Buchläden gibt es auch **deutschsprachige Bücher.** An der Place Bellecour 🔵**21** hat der deutsche Verlag Taschen seine Buchhandlung, auf der gegenüberliegenden Seite bietet die kulinarische Buchhandlung InCuisine (s. S. 97) Bücher, Snacks und Kochkurse. Zwischen Place Bellecour und Saône-Ufer bei Raconte-moi la Terre (s. S. 97) findet man Reisebücher und Snacks. Läden mit CDs und DVDs im Sonderangebot liegen in der Rue de Brest [D4] und in der Rue de la Lanterne [C3].

LES PUCES DU CANAL: TRÖDELN MIT VORSTADTFLAIR

*Langeweile **am Sonntag?** Dann auf zum Trödelmarkt Les Puces du Canals (1 rue du Canal, Villeurbanne). Vielleicht findet man hier ein Schnäppchen oder etwas Schrilles. Es ist eine ganz eigene, umzäunte Welt, echt und ein wenig schmuddelig und ab vom Schuss. Also mitten hinein in den Trödler-Kiez, wo die Kunst des Feilschens etwas gilt. Schon am frühen Morgen feilschen die Verkäufer untereinander um restaurierte Möbel, Spiegel mit Goldrahmen, alte bunte Reklameblechtafeln und allerhand Trödel aus aufgelösten Haushalten.*

*Zum Frühstück und mittags, wenn der Markt gegen 14 Uhr zu Ende ist, trifft man sich in den Guinguettes auf dem Gelände wieder, **Kneipen mit einfacher Küche, fröhlicher Musik und Weinausschank.** Vielleicht begegnet man ja der etwas verträumten Christine mit ihrer Aura verarmten Adels. Sie hat lange Zeit in Deutschland gelebt und verkauft jetzt Secondhandmode und kreiert aus Stoffresten erfinderische Dessous und Blusen. Wenn man etwas Bestimmtes sucht: Die patente Denise David kennt alle **400 Händler** auf dem 7 ha großen Gelände. Sie verwaltet den Trödelmarkt seit 15 Jahren und treibt auch die Standmieten ein - 30 € für einen kleinen Stand im Freien, die Verkäufer in der 5000 m² großen Halle bezahlen mehr. Denise hat in ihrem Büro eine Überwachungskamera und zu ihrem Schutz sieben „Blacks" eingestellt, große, muskulöse, schwarze Sicherheitsmänner, die für Ordnung sorgen. Gefährlich ist es hier nicht, ab und zu werden Klaukinder des Geländes verwiesen, aber im* Grunde, so meint Denise, müssen die Händler an ihren Ständen selbst aufpassen, dass tatsächlich alles käuflich erworben wird.

- **43** *[gh]* **Les Puces du Canals (Trödelmarkt)**, *1 rue du Canal, Villeurbanne*

> **Anfahrt:** *Mit öffentlichen Verkehrsmitteln (Busse 7, 27 und 37, mit dem Auto Ausfahrt 1 b, Villeurbanne St-Jean von der Périphérique Nord) ist die Anreise langwierig. Am besten nimmt man sich ein „Vélo'v" (Leihfahrrad) und radelt vom Zentrum aus an der Rhône entlang, Richtung Cité Internationale am Parc de la Tête d'Or vorbei.*

▲ *Denise David,*
Managerin der Puces du Canal

LYON FÜR GENIESSER

ESSEN UND TRINKEN

Schlaraffenland und Sternenhimmel

In Lyon, „ville de gueule" (Gaumenstadt) und Frankreichs Metropole der kulinarischen Genüsse, findet jeder etwas nach seinem Geschmack. Laut Office du Tourisme gibt es **1828 Restaurants**, d. h. ein Restaurant pro 244 Einwohner, also fast noch zu wenig. Dafür haben 15 Restaurants im Großraum Lyon Michelinsterne (s. S. 40).

Um es weniger statistisch zu sagen: Lyon hat einfach alles, was man sich in einem Schlaraffenland für Genießer so vorstellt – **Herzlichkeit, Ambiente, hochkarätige Küchenchefs und beste Produkte** aus einer landwirtschaftlich reichen Umgebung – das Bresse-Huhn aus Bourg-en-Bresse, Wild und Schnecken sowie Forellen, Hechte, Karpfen und Flusskrebse aus den an Teichen und Flüssen reichen Dombes, berühmte Käse aus den Regionen Auvergne, Dauphinais und Ardèche. Schon der Dichter Stendhal schwärmte im 18. Jh. von dem Gemüse, das man in Lyon bekam und von 22 Arten, Kartoffeln zuzubereiten, von denen mindestens zwölf im damaligen Paris unbekannt waren. In seinen Reiseerinnerungen erzählt er von einem Mädchen, das über einem Entengericht mit Oliven vor Entzücken in Tränen ausbrach. Er selbst aß in Gesellschaft von Männern, die konsequent beim Essen schwiegen, wenn sie es hervorragend fanden, und zeigt sich von den 30 Sorten Wein aus der Bourgogne beeindruckt, von denen man keine Kopfschmerzen bekam. Ansonsten mochte er die Stadt nicht besonders. Viel zitiert wird sein etwas doppelbödiges Zugeständnis „Wenn man in Lyon eines wirklich gut kann, dann ist es essen." Tja.

Heute halten Menschen mit klingenden Namen wie Paul Bocuse (s. S. 42), Pierre Orsi, Guy Lassausaie, Christian Têtedoie, Philippe Gauvreau, Jean-Christophe Ansanay-Alex den **legendären Ruf der Küche Lyons** aufrecht. Sie stehen für die Kür der Haute Cuisine, aber in Lyon bringt man diese auch unters Volk, das – zugegeben – nicht arm ist und liebend gern essen geht. Mit der Gründung seiner Brasserien und der internationalen Vermarktung von Terrinen und sogar Konserven unter seinem Label rückte Bocuse bereits früh von der Idee einer Feinschmeckerküche für eine Elite im Elfenbeinturm ab. Andere Sterneköche wie Jean-Paul Lacombe, die sich kein Firmenimperium aufbauen konnten, gaben sogar ihre Sterne wieder ab, weil sich ihre elitären Restaurants langfristig als nicht lebensfähig erwiesen (Léon de Lyon).

Bei einer solchen Ahnengalerie hat es der Nachwuchs schwer, sollte man meinen. Doch in Lyon redet jeder erst über den Küchenchef und dann über das Restaurant, man nimmt Neues begierig an. Deshalb konnte sich hier eine **neue Generation der kulinarischen Nachwuchselite** bereits mit Mitte 30 ihre Sterne verdienen. Dazu zählen Mathieu Viannay (Mère Brazier s. S. 41), der 2008 zwei Michelinsterne bekam, Davy Tissot aus dem Hotelrestaurant Terrasses de Lyon (s. S. 80) und vor allem Nicolas Le Bec. Der gebürtige Bretone Le Bec debütierte im Jahr 2000 im Restaurant des Hotels Cour des Loges (s. S. 121), das bald einen Stern bekam. Die Lyoner ließen den ausländischen Gästen bald kaum mehr Platz. Entweder deshalb oder wegen seiner experimentierfreudigen Küche setzte die Hoteldirektion Le Bec überraschend vor die Tür. Der bekam kurz darauf für sein eigenes Restaurant zwei Sterne und expandierte. Mit dem Flughafenrestaurant Espace Le Bec und der Rue Le Bec in dem neuen Viertel Confluence geht er mit modernen Konzepten erfrischende Wege. Der reisefreudige Gastronom, der die Ausschreibung für das Nobelrestaurant der Pariser Opéra Garnier gewann, übergab die Leitung seines Lyoner Flaggschiffs, dem Restaurant Le Bec in der Ru Grolée, an den japanischen Küchenchef Takao Takano, der bereits acht Jahre an seiner Seite gearbeitet hatte.

Im Gegensatz zur Generation Bocuse setzen die neuen Küchenstars aus Lyon auf **Experimentierfreude** und lockern den hohen Grad an Steifheit und Perfektion etwas auf. Während sie traditionelle Gerichte freier interpretieren, stets für Überraschungen sorgen und entsprechend nie lange dieselben Gerichte auf den Tisch bringen, steht bei Bocuse seit Jahrzehnten dasselbe auf der Speisekarte. Selbst wenn es sich um die berühmte schwarze Trüffelsuppe handelt, eine Vorspeise mit Blätterteigkuppel, die Präsident Valéry Giscard d'Estaing im Elysée-Palast serviert bekam, als er Bocuse 1975 zum Ritter der Ehrenlegion ernannte: Perfektion kann auf Dauer langweilen. Und noch etwas: Eigentlich waren es gar nicht die Männer, sondern resolute Frauen, die in Lyon die Küchentradition begründeten und auch einem Bocuse das Kochen beibrachten (s. S. 35). Lyon hat auf jeden Fall den großen Vorteil, dass man hier sowohl konservativ als auch experimentell

◄ *Vavro & Co (s. S. 22):*
ein Weinparadies in jungem Design

und nach Wunsch natürlich auch vegetarisch essen gehen kann. Selbst **mit kleinerem Geldbeutel** ist der Spielraum zum Probieren groß.

Highlights der Lyoner Küche

Außer den Vegetariern kommt niemand an Lyons traditionellen Gaststuben, den Bouchons (s. S. 33) vorbei, wo es gelassen zugeht, wo man **herzliche Gastfreundschaft** spürt, sich schnell so wohlfühlt wie im Wohnzimmer der eigenen Großmutter und den eher deftigen Ursprüngen der großen Küche (Kasten s. S. 33) auf den Grund gehen kann. In den Bouchons gibt es Hering und Makrele oder Blutwurst mit Kartoffeln sowie Schnecken, Gänsemagen, Kalbsnieren, Knochenmark *(moelle)* vom Schwein und die berühmten Lyoner Wurstwaren *(charcuterie)*. Es sind luftgetrocknete Hartwürste, besonders wie

▲ *Für ein Picknick kann man auf Lyons Märkten gut Käse einkaufen*

Rosette und die im Winter mit Trüffeln aus dem Périgord gewürzte *Jesus,* aber auch Kochwürste wie die *Cervelat* mit Pistazien oder ebenfalls Trüffeln. Zum Aperitif werden manchmal *grattons* serviert – gebratene Reste von Schweinefleisch und Speck. Sogenannte *frivoleries* wie Lammhoden *(rognon blanc)* sind eine Seltenheit, über die eher geredet wird, als dass man sie zu essen bekäme.

Als **Vorspeise** kann man in den meisten Restaurants neben Salaten auch Pasteten im Teigmantel probieren, Wurst im Briocheteig oder Terrinen, die es sowohl mit *foie gras* (Gänseleber) als auch vegetarisch gibt.

Für den **Hauptgang** werden Gerichte mit Lammfleisch *(agneau)* ganz wunderbar zart und würzig (mit Thymian, Fenchel und Anis) zubereitet. Beliebt sind Steaks vom Charolais-Rind, Geflügel (Huhn, Poularde, Ente), Kalbfleisch *(veau)* oder Thunfisch, Dorade, Krabben, Langusten, Hummer etc. Dazu gibt es Avocados, Artischocken oder Karden (eine Verwandte der Artischocken), Spargel, Champignons und erfinderische Saucen mit Zutaten wie geriebenen Nüssen, Meeresfrüchtesud, Portwein oder Oliven.

Ganz wichtig, wie überall in Frankreich, ist der **Käse**, z. B. der St-Marcellin, ein Rohmilchkäse, der häufig aus dem Département Isère kommt. Köstlich sind auch der St-Félicien und der Vacherin de Mont d'Or. Auf Lyons Märkten findet man auch regionaltypische Käse wie den Tomme de Savoie (ein milder Weichkäse), den Beaufort aus Savoyen, die Bergkäse

◄ *Unendlich verführerisch: Petits Fours und Macarons*

Chevrotin des Alpes, Reblochon und Dauphinois und den cremigen Vacherin de Chambéry, den man auslöffelt. Von den Blauschimmelkäsen werden neben Roquefort häufig der Bleu de Bresse und der Bleu de Gex angeboten. Einer der bekanntesten Ziegenkäse *(tomme de chèvre)* ist der Chevretons du Beaujolais.

Die **Nachtische** sind ein Gedicht und oft genauso künstlerisch. Unbedingt probieren: die Kuchen *(tartes* oder *clafoutis),* alles mit heißer Schokolade, wie *fondant* oder *profiterolles,* Karamellisiertes wie *crème brûlée.* Zu den süßen, pralinenartigen Sünden gehören *macarons, tartes pralines* und im weitesten Sinne auch die Millefeuilles-Kreationen aus Blätterteig und verführerischen Füllungen.

Getränke: Beaujolais statt Bier

„In Lyon fließen drei Flüsse, die Saône, die Rhône und der Beaujolais." Jeder Taxifahrer und schon jedes Kind kennt in der ausgesprochenen Weinstadt diesen, dem Schriftsteller Léon Daudet zugeschriebenen Satz. Am dritten Donnerstag im November wird jedes Jahr der **Beaujolais Nouveau** ausgeschenkt. Schon um 21 Uhr liefern Pferdekutschen den Beaujolais zur Place Antonin Poncet, wo das Fest mit Livemusik, Feuerwerk und Wein aus dem Vorjahr bereits beginnt. Um Mitternacht geht es nach dem Anstich des ersten Weinfasses mit einem großen Volksfest an der Place Louis-Pradel weiter. Lyoner und Touristen trinken in Läden, Kneipen und Gaststuben, auf den Plätzen und an den Hängen von La Croix-Rousse insgesamt etwa 450 l des neuen Weins *(primeur).* Das ist Kult. Und wer am Tag darauf wieder fit ist, kann in den Halles erlesene neue Beaujolais probieren.

Der Beaujolais gilt im Gegensatz zu den Weinen aus dem Côte-du-Rhône, Bugey und dem Burgund zwar nicht als großer Wein, aber er ist beliebt. Das Anbaugebiet liegt im Süden der Bourgogne vor den Toren Lyons. Hier wird immer noch die Gamay-Traube gekeltert, die seit den strengen Gesetzen von 1951 in Frankreich andernorts verboten ist: Besorgt um die Qualität des französischen Rotweins untersagte Karl IX. schon im 16. Jh. den Anbau dieser Traube in guten Weingebieten. Kenner wissen, dass es unter den Beaujolais der zwölf Appelationen, darunter der Beaujolais-Village, und der zehn nach den Anbaugemeinden benannten Crus (Brouilly, Chénas, Chiroubles, Côtes-de-Brouilly, Fleurie, Juliénas, Morgon, Moulin-à-Vent, Régnié et St-Amour) durchaus sehr wohlschmeckende Weine gibt – z.B. den Château de Pierreux. Einer der teureren Weine, die man z.B. in Lyon gern trinkt, stammt aus dem Anbaugebiet St-Joseph, dem zweitgrößten Weinbaugebiet des nördlichen französischen Rhône-Tals: Les Pierres Sêches. Côtes-du-Rhône aus dem südlichen Rhône-Tal stehen auf vielen Weinkarten. Unter den Weißweinen sind die Crozes-Hermitages, wiederum aus dem nördlichen Rhônetal, zu Recht beliebt. Auf den Weinkarten und in Lyons Weinfachgeschäften finden Weinliebhaber eine **riesige Auswahl an regionalen und überregionalen Weinen.**

Außer Wein trinkt und bekommt man in Lyon **alle Getränke,** die im restlichen Frankreich und Europa zum Standard gehören. Beim Ausgehen und in Bars sind Cocktails in, aber auch kühle, frische Fruchtsäfte. Und auch Teefachgeschäfte sind in Lyon verlockend eingerichtet und bieten riesige Sortimente.

AUSFLUG INS BEAUJOLAIS: AM BESTEN ZUR WEINERNTE

006iy Abb.: ps

Ab Anfang September zur Weinernte geht es im Beaujolais **international und feuchtfröhlich** zu. Tagsüber wird gearbeitet und nachts rustikal gefeiert. Vor so mancher Domaine stehen Zelte und Wohnwagen. Ob unter 20 oder schon lange pensioniert, das Alter spielt keine Rolle und Familienmitglieder werden sowieso eingespannt. Hand anlegen kann man z. B. auf der Domaine Paire (www.paire.fr) in der Nähe des mittelalterlichen Ternand, 50 Autominuten von Lyon entfernt. Außerhalb der Erntezeit lohnt hier auch ein

Besuch in der Cave mit kleinem Weinmuseum. Das typische Weingut ist seit 1600 in Familienbesitz und liegt in der landschaftlich schönsten Gegend des Beaujolais, Les Pierres dorées, benannt nach den goldfarbenen Steinen der Häuser. Eine kleine Runde mit dem Auto führt über schmale Straßen und sanfte Hügel durch die Dörfer Bagnols, Le-Bois-d'Oingt, St-Laurent d'Oingt, Ternand, Oingt und Theizé (mit zwei Schlössern).

❯ Weitere Infos gibt es im Web unter www.beaujolais.com.

Bier spielt eine wesentlich weniger große Rolle als in Deutschland, aber man bekommt nicht nur Heineken, sondern auch viele schmackhafte Helle und Dunkle aus dem Nachbarland Belgien. Umso beliebter sind die Pubs im Vieux Lyon, der Palais de la Bière und die **wenigen Brauhäuser,** die es in Lyon dennoch gibt wie z. B. das Ninkasi Kao (www.ninkasi.fr, s. S. 49) oder die Brasserie Georges (s. S. 37).

KULINARISCHER TAGESABLAUF

Morgens

Die Franzosen sind **traditionell keine großen Frühstücker.** Zu Hause trinken sie meist Espresso oder Milchkaffee *(café au lait)* oder auch Tee aus einer *boule* (kleine Schüssel) und essen dazu allenfalls ein Croissant oder ein Stück Baguette mit etwas Marmelade oder Honig. Viel mehr darf man in einfachen Hotels auch nicht erwarten: Manchmal gibt es noch ein *pain au chocolat,* einen Joghurt und etwas Obst und einen Orangensaft. In Mittelklasse- und Luxushotels kann man sich meist vom Buffet bedienen. Ist das Frühstück nicht im Preis inbegriffen, geht man in das nächste Café. Eine Alternative sind die **salons de thé,** die oft köstliches Gebäck servieren. Wer sich ein tolles Frühstück in besonders anheimelndem und luxuriösem Rahmen genießen möchte, kann sich das *petit déjeuner* im Hotel Royal (s. S. 122) an der Place Bellecour ❹ gönnen. Sonntags bieten einige Hotels und Restaurants Brunchs an.

In den Halles de Lyon (s. S. 19) gibt es in manchen Cafés schon ab 10 Uhr *mâchons,* einen **herzhaften Imbiss** aus *cochonnailles* (diversen Wurstwaren), *gras-double* (Rindermagen) und einem Linsensalat, wenn man möchte mit einem Glas Beaujolais. Mit dieser Zwischenmahlzeit stärkten sich früher die Seidenweber, denn sie fingen schon um 5.30 Uhr mit der Arbeit an. Heute findet man *mâchons* sonst nur noch auf den Speisekarten der Bouchons (s. S. 33).

Mittags

Ab 12 Uhr füllen sich die Restaurants und Terrassen zum Mittagessen *(déjeuner).* Von Montag bis Freitag wird ein günstiges Tagesmenü *(menu du jour)* angeboten oder eine *formule* für eine mehr oder weniger üppige Mahlzeit mit einem bzw. zwei Gängen. Ein Aperitif und ein Gläschen Wein dazu sind üblich. Ob im einfachen Bistro, im traditionellen Bouchon, in einem Café Comptoir, einer Brasserie oder einem feudaleren Restaurant gastronomique – **die Mittagspause ist heilig** und entsprechend ausgedehnt. Als Vorspeise gibt

Quenelles

Man mag sie oder findet sie etwas fade. Bei dieser **Lyoner Spezialität** handelt es sich um Klöße aus feinem Hartweizenmehl, Milch und Ei. Gegessen werden sie *natur* oder mit Hecht-, Kalbfleisch- oder Geflügelgeschmack. Erst in Wasser pochiert und dann mit einer Béchamelsauce goldbraun gebraten, verdoppeln sie im Ofen ihr Volumen. Es gibt sie in etlichen Varianten und Größen.

es meist eine Suppe oder einen Salat, als Hauptspeise ein Gericht mit *viande* (Fleisch) oder *poisson* (Fisch). Danach wählt man zwischen einer Käseplatte oder dem Dessert – oft Eis, Obst oder Crêpes. Beim Verdauen helfen dann ein Café oder eine *tisane* (Kräutertee). Tendenziell isst man abends ausführlicher und mittags ist es durchaus auch mal einer Crêpes auf die Hand, einem Sandwich oder einer Pizza getan. Wer zu den günstigeren Mittagspreisen in einem der luxuriöseren Restaurants essen möchte, sollte ebenso reservieren wie am Abend. Je renommierter der Küchenchef und je mehr Sterne das Restaurant, desto voller. Bezeichnungen wie *cuisine du marché* oder *menu du terroir* weisen darauf hin, dass nur frische regionale Produkte der Saison verwendet werden.

Samstags gibt es noch eine wunderbare Alternative. Am Boulevard de la Croix-Rousse oder am Quai St-Antoine kann man *pain artisanal* und Lyoner Wurstwaren einkaufen oder

◀ *Bei der Weinernte im Beaujolais sind Helfer willkommen*

frischen Schinken und Melonen. Es gibt eine traumhafte Auswahl an Käsesorten, Oliven – oder frisch gegrillte Hähnchen vom Bauernhof – und schon ist das Picknick perfekt. Luxuriöseres findet man in den Halles de Lyon (s. S. 19).

Abends

Lyon ist abends lebendig, die Leute **gehen gern zum Essen aus.** Meist wird man zuerst zum Tisch geleitet und dann gefragt: *Désiréz-vous un apéritif?* Da kann man sich an ganz klassische Dinge wie den Pastis, Ricard oder Kir halten, einen Champagner trinken – weiß, rot oder rosé – oder sich einen Vorschlag machen lassen. Manche Restaurants haben fantasievolle Eigenkreationen oder verwenden z. B. *crème de marron* (Esskastanienschaum), um dem Champagner eine andere Geschmacksnuance zu geben. Zum Essen Bier zu trinken, ist möglich, aber eher in den Bouchons und Brasserien üblich. Die Franzosen bestellen meist Wein, offen im Glas oder eine ganze Flasche. In luxuriöserem Rahmen kommt zur Beratung ein Sommelier an den Tisch. Auch das Wasser ist nicht einfach nur *plate* oder *pétillante* bzw. *gazeuse*. In Lyons Umgebung gibt es zahlreiche Quellen und man wird meist gefragt, ob es ein Evian, Perrier, Badois oder vielleicht ein Châteldon sein soll, dessen kleine Perlen feiner sprudeln. Dann wählt man ein Menü oder bestellt à la carte. Das Dessert, oft ein Kunstwerk für sich, dessen frische Zubereitung eine Stunde oder länger dauern kann, bestellt man ebenfalls direkt mit dem Hauptgericht.

Kleine Überraschungen gehören zu den Freuden der gehobenen Gastronomie, und das betrifft nicht allein die Wahl der Zutaten und geschmacklichen Kontrasterlebnisse. Wer aufwendig isst, wird zum Apéritif mit einem *amuse-gueule* überrascht, einer dekorativen, bunten Miniaturvorspeise, die den Gaumen schon mal auf die eigentliche Vorspeise *(entrée)* vorbereitet. Je nach Menüwahl kommt dann erst ein Teller mit Fisch oder Meeresfrüchten und danach ein Gericht mit Fleisch oder Geflügel. In kleinen Portionen, die geschmacklich und optisch originell sind, versteht sich. **Das Auge isst mit** und das Essen ist ja noch lange nicht zu Ende. Kartoffeln oder Gemüse als Beilage muss man manchmal extra bestellen. Je nachdem, wo man isst, wird auch noch ein reichlich beladener Käsewagen an den Tisch gefahren. Man kann natürlich verzichten, lässt sich aber mit Sicherheit etwas entgehen. Den legendären St-Marcellin der Mère Richard unbedingt probieren und wer Roquefort mag ... Das *prédessert* ist eine weitere Überraschung, die das Ende des Festmahls noch ein wenig hinauszögert. Und je besser das Restaurant, desto besser das *dessert*. Zur Entspannung folgen der *café* oder die *tisane* (Kräutertee) mit einer hübschen Auswahl *petits fours* und auf Wunsch ein *digestif*. Darf es ein Cognac sein oder ein Chartreuse, ein regionales Produkt, eigens von Mönchen des Kartauserklosters La Grande Chartreuse bei Grenoble gebrannt. *Santé* – Wohlsein!

IM RESTAURANT

Essen geht man in Lyon mittags schon ab 12 oder 12.30 Uhr. In der Woche ist recht viel Betrieb. Um 14 Uhr schließen die meisten Restaurants. Mittagsmenüs sind immer günstiger als abends. Oft bekommt man schon für 9 bis 12,50 € ein kleines, einfaches Menü.

RESTAURANTKATEGORIEN

€	günstig: Hauptgericht 7,50–12 €, Menü bis 15 €
€€	moderat: Hauptgericht 12–18 €, Menü bis 25 €
€€€	teuer: Hauptgericht 20–25 €, Menü ab 50 €

Abends kann man ab 19.30 Uhr essen gehen und auch hier gilt oft: **Menüs sind preiswerter** als eine individuelle Zusammenstellung à la carte. Man darf aber durchaus auch nur eine Vorspeise oder nur ein Hauptgericht bestellen, auch wenn die Kellner natürlich fragen, ob man noch einen Nachtisch oder einen Kaffee wünscht. Wer lieber erst um 20.30 Uhr isst, sollte reservieren, denn die Lokale füllen sich schnell. Ab 22 oder 22.30 Uhr werden oftmals keine Bestellungen mehr angenommen.

Die **Speisekarten** sind häufig mehrsprachig. Es ist üblich, am Eingang zu warten, bis der Kellner einen Platz zuweist. Das **Trinkgeld** beträgt in der Regel 5 bis 10 Prozent der Rechnung und man lässt es auf dem Tisch liegen.

CAFÉS UND SALONS DE THÉS

44 [D2] **A chacun sa tasse,** 2 rue du Griffon, Metro Hôtel de Ville, Mo–Fr 8–19 Uhr, Sa 9–19 Uhr. Tee, Café und Schokolade in großer Auswahl wird in diesem netten Eckcafé auch zum Mitnehmen verkauft oder in der ersten Etage in aller Ruhe genossen.

> **WLAN-Hotspots**
> Lokalitäten mit WLAN-Hotspots sind hier mit „@@" gekennzeichnet.

> **Bernachon,** 42 cours Franklin-Roosevelt, Metro Foch, Di–Sa 9–18 Uhr. Das sollte man sich nicht entgehen lassen: Eine heiße Schokolade bei einem der berühmtesten Chocolatiers Lyons. Schokoladenfans lässt die Auswahl (von Pralinen bis zu dekorativen Torten) aus der Pâtisserie des Hauses Bernachon dahinschmelzen. Alles stammt aus der traditionsreichen eigenen Schokoladenfabrik, die sich im hinteren Teil anschließt (s. S. 21).

45 [D3] **Café 203** @@, 9 rue du Garet, Metro Hôtel de Ville, 7–2 Uhr. Außer von 12–14 Uhr darf man rauchen. Junger Szenetreff und sehr beliebtes, authentisches Bistro mit zeitgenössischem Touch und studentischen Preisen im Zentrum. Frische saisonale Küche wird auch noch spät serviert. Oft Kunst- und Fotoausstellungen, Konzerte, kulturelle Aktionen.

46 [D2] **Café Cousu** @@, Passage Thiaffait 19, rue R. Leynaud, Di–Fr 8.30–21, Metro Croix-Paquet, Sa/So (Brunch) 11–21 Uhr. Klein, aber agil. Im Café in einer Passage, wo sich die jungen Modeschöpfer des Village des Créateurs angesiedelt haben, kommt man schnell ins Gespräch. Abends oft Livemusik und Kulturprogramm.

47 [B5] **Café de la Ficelle,** 2 avenue Doyenne, Metro Vieux Lyon, tgl. 10–22 Uhr. Historisches Viertelcafé direkt neben der Metro Vieux Lyon, im Sommer mit netter Terrasse. Es gibt Kuchen, Sandwiches und auch Eis zum Mitnehmen.

48 [C2] **Café de la Mairie,** 4 place Sathonay, Mo–Sa 7–24 Uhr. Angesagter Treffpunkt für ein junges Publikum und die Bewohner des Viertels am Fuß des Amphitheaters von La Croix-Rousse an der sympathischen Place Sathonay.

49 [ci] **Café du Bout du Monde** @@, 3 rue d'Austerlitz, Metro Croix-Rousse, Mo–Sa 9.30–23, So 11–15 Uhr. In diesem relaxten Café gibt es internationale Küche, Tapas, Fruchtsäfte und auch regelmäßig Kulturprogramm von Konzerten bis zu Fotoausstellungen.

SMOKER'S GUIDE

In Frankreich gilt in der gesamten Gastronomie und in öffentlichen Einrichtungen **Rauchverbot**, auch in den Tabakverkaufsstellen, die zugleich Bars sind. Wer beim Rauchen in der Metro oder Disco erwischt wird, zahlt 68 € Strafe. In Lyon wird das Verbot weitgehend respektiert. Die Leute rauchen draußen.

50 [C7] **Cha Yuan**, 7–9 rue des Remparts d'Ainay, Metro Ampère, Di–Sa 10–19 Uhr. In diesem gestylten traditionellen Teehaus im Viertel der Basilika d'Ainay kann man zu kleinen Leckereien Hunderte von Teesorten degustieren und kaufen. Wer möchte, bekommt sachkompetente Tipps zur Teezubereitung.

51 [C3] **Le Broc'bar**, 20 rue Lanterne, Mo 7.30–21, Di–Sa 7.30–1, So 10–21 Uhr. Auf den roten und gelben Stühlen unter einem Baum an einer Straßenecke zwischen Saône-Ufer und Rue de Brest findet man im Sommer selten einen Platz. Die extrem beliebte Bar serviert Sandwiches, Kaffee und Kuchen und abends gibt es etwas zu knabbern zum Drink.

52 [D5] **Le Broc Café**, 2 place de l'Hôpital, hinter dem Krankenhaus Hôtel Dieux, Mo–Sa 8–1 Uhr. Charmantes, bei Studenten beliebtes Café. Zu essen gibt es Salate und viele nette Kleinigkeiten.

53 [D4] **Le Grand Café des Négociants**, 1 place F. Regaud, Metro Cordeliers, Mo–So 7–3 Uhr. Stuck an der Decke und Spiegel mit vergoldeten Rahmen – das Traditionscafé aus dem 19. Jh. nah bei Börse und Handelskammer kennt in Lyon jeder. Hier kann man frühstücken, nachmittags Tee trinken oder nach dem Theater noch zu abend essen, im Sommer auf der Terrasse, im Winter im Wintergarten.

54 [C3] **Nardone**, 3 place Ennemond-Fousseret, tgl. 9–1, im Winter 10–19 Uhr, Mo/Di geschl. Ist in Lyon schon seit 1923 eine Traditionsadresse. Auf dem kleinen Platz in der Altstadt könnte man stundenlang Eis schlecken. Ein Bällchen in der Waffel (2 €) zum Mitnehmen ist zwar nicht ganz preiswert aber schon eine halbe Mahlzeit. Eine Filiale gibt es an der 7, Place Carnot.

0611y Abb.: ps

RESTAURANTS

Ausgewählte Lyoner Bouchons

Wo es Wein zum Essen gab, **hing früher ein Korken** (frz. „bouchon") draußen über der Tür, aber viele Wirte erzählen, der Name Bouchon stamme eher von „bouchonner" (mit Stroh abreiben), weil die Pferde hier trockengerieben wurden, während die Kutscher speisten und tranken. Es gibt auch die Variante, dass Korken und Stroh über der Tür hingen oder auf einem Schild abgebildet waren, wenn man in einer Kneipe oder Herberge Wein trinken konnte. Bouchon heißt auch Verkehrsstau, was der Fantasie freien Lauf lässt …

Laut und lustig geht es in den Bouchons jedenfalls immer noch zu, ein wenig wie in einem Brauhaus. Bier wird natürlich auch ausgeschenkt, aber das kommt meist aus Belgien. Bouchon-Fans fühlen sich in einem echten Bouchon wie zu Hause, trinken eher Beaujolais und scherzen mit dem Wirt und den Tischnachbarn. Die Bouchons sind meist rustikal bis antiquiert eingerichtet und an ihren rot karierten Tischdecken zu erkennen. Die Küche geht auf alte Rezepte aus dem 19. Jh. zurück, denn sie führen die Tradition der deftigen, aber dennoch feinen Küche der Mères Lyonnaises fort. Die Kasperpuppe „Gnafon" ziert das Logo des Zusammenschlusses der „Bouchons authentiques." Klebt diese Qualitätsmarke nicht am Fenster, heißt das aber noch lange nicht, dass ein Bouchon nicht „echt" ist …

◀ *Typisch für Lyon: das Ambiente in den traditionellen Bouchons*

VON DER SPEISEKARTE

> *à la moutarde* – mit Senf (oft zu Hähnchen)
> *andouillette* – in Lyon meist Wurst aus Schweineinnereien und Kalbfleisch
> *boudin* – Blutwurst (meist mit gebackenen Äpfeln und Kartoffeln)
> *brouillade aux morilles* – Rührei mit Morcheln
> *caviar de la Croix-Rousse* – Salat aus roten Linsen
> *bugnes* – Fastnachtskrapfen
> *cardons à la moelle* – Kardone mit Knochenmark
> *cervelas Lyonnais* – Brioche gefüllt mit einer Mischung aus Wurst, Trüffel und Pistazienkernen
> *cervelle de canut* (Seidenweberhirn) – Quark mit Knoblauch und Gewürzen
> *cervelle de veau à la meunière* – Kalbshirn nach Müllerin Art
> *croquette de Valence* – Crêpe mit Schinken, Wildgeflügel und Pilzen
> *gâteau de foie* – warmer Kuchen bzw. Pudding aus Lebermus
> *gras double* – stundenlang gekochte Rinderkutteln (Vormägen)
> *paillasson lyonnais* – Kartoffelreibekuchen
> *poularde demi-deuil* (Halbtrauer) – Hähnchen mit Trüffeln unter der Haut
> *quenelle* – Klöße (oft mit Hechtgeschmack und Krabbensauce)
> *saladier lyonnais* – Salat aus Schafsfüßen („clapetons"), Heringsfilets, Geflügelleber und hartgekochten Eiern oder nur Schinkenspeck, Eiern und Croûtons
> *le tablier de sapeur* – in heißer Butter gebratene, panierte Kutteln, Rindfleischspezialität
> *tête de veau* – Kalbskopf
> *tripes grillées* – gegrillte Innereien (Kutteln, Pansen)

🎧55 [D4] **Bistrot de Lyon** €€, 64 rue Mercière, Tel. 0478384747, tgl. Küche bis 24 Uhr. Die Traditionsküche à la Jean-Paul Lacombe in einem pompösen Belle-Époque-Interieur mit golden gerahmten Spiegeln oder draußen auf der langen Terrasse zieht sowohl Lyoneser als auch Touristen an. Prominente Gäste und mondänes Flair in einem ehemaligen Bordell.

🎧56 [C2] **Bouchon des Filles** €, 20 rue du Sergent Blandan, Tel. 04 78304044. Do–Mo 19–24 Uhr und So mittags. Traditionsküche jung und weiblich: In einer Seitenstraße des gemütlichen Place Sathonay wird eine verfeinerte, feminisierte, d. h. weniger fette Bouchon-Küche serviert. Auch das Dekor ist weniger überladen bzw. angenehm abgespeckt. Die netten jungen Wirtinnen Isabel und Laura haben bei dem humorvollen *patron* des Café des Fédération gelernt. So kommt auch hier sofort nach der Ankunft des Gastes ein herzhafter Salat auf den Tisch. Großzügige Portionen, gute Stimmung.

🎧57 [B6] **Café Comptoir Abel** €€, 25 rue Guynemer, www.cafecomptoirabel.fr, Tel. 04 7837461, Mo–Sa 12–14 und 19.30–22.30 Uhr. Das authentische Bouchon direkt neben dem Stadttor Voûte d'Ainay besteht seit 1928 und atmet Atmosphäre. Sein Name stammt von der Mère Abel, die hier früher alte Lyoner Gerichte wie Blutwurst, Quenelles (s. S. 29), Innereien und Huhn servierte. Die Speisekarte bleibt dieser Tradition verpflichtet. Besonders gut schmeckt der frische Krabbensalat mit Pampelmuse. Im Obergeschoss sitzt man auch gemütlich und im Sommer steht eine lange Reihe Tische draußen auf dem Bürgersteig.

🎧58 [C3] **Café des Fédérations** €, 10 rue Major Martin, www.lesfedeslyon.com, Tel. 04 78282600, Mo–Sa 12–14 und ab 19.30 Uhr (zu essen gibt es bis 21.30 Uhr). Karierte Tischdecken, ohrenbetäubender Geräuschpegel, Glücksschweinchen auf dem Tresen – in dieser Institution in der Nähe der Place Terreaux geht es unverfälscht rustikal zu. Man fühlt sich wie zu Hause, schäkert mit der Bedienung und isst, was auf den Tisch kommt. Eine Speisekarte gibt es nicht. Der nette Chef Yves Rivoiron berät aber gern und Linsen, Gurken, Lyoner Wurstspezialitäten und der knusprige Salat mit Brotkrumen kommen auf jeden Tisch, Vegetarier müssen passen. Der Raum ist klein, die Tische stehen eng, deshalb bis spätestens 20 Uhr da sein oder reservieren. Über das Plumpsklo amüsieren sich besonders die Australier, meint der Wirt. Nebenan hat er einen Degustationsraum für Gruppen, mit noblerem Klo.

🎧59 [B5] **Café du Soleil** €, 2 rue St-Georges, Tel. 04 78376002, tgl. außer So-abends. Guignol und Gnafon sind in dieser Traditionskneipe zu Hause und der anarchistische Frohsinn der Lyoner Kasperlepuppen scheint auch die Gäste anzustecken. Die goldbraun gebratenen Quenelles des Wirts Pascal Bonhomme sind sagenumwoben, wenn also vielleicht hier probieren.

🎧60 [D6] **Chabert & Fils** €, 11 rue des Maronniers, www.chabertrestaurant.fr, Tel. 04 78370194, Mo–So 12–14, 19–23 Uhr. Die Familie Chabert hat in der lebendigen Restaurantstraße Rue des Maronniers gleich vier beliebte Restaurants. Ein Bouchon (Nr. 11), ein Nudelrestaurant (Nr. 9) Mama'Caroni. Und Fleischliebhaber kommen im Bouchon des Carnivores (Nr. 8) und im Aux 3 Cochons (Nr. 9) auf ihre Kosten. Im Sommer sitzt man nett auf den Terrassen an der Straße. Hier spürt man, dass die Leute in Lyon sich gern unter die Touristen mischen.

🎧61 [D3] **Chez Hugon** €€, 12 rue Pizay, Tel. 04 78281094, Mo–Fr 12–13.30, 19.30–22 Uhr, im August geschl. In diesem Lokal in der Nähe der Oper weht

MÈRES LYONNAISES – DIE MÜTTER DER LYONER KÜCHE

*Lyons Küche hat den Frauen viel zu verdanken. Die Mütter der hiesigen Küche bilden sozusagen die Wurzel des Stammbaums, der sich später in Bouchon-Küche und Haute Cuisine verzweigte. **Einst Köchinnen reicher bürgerlicher und adeliger Familien**, verloren die Mères Lyonnaises im Zuge der Rezession nach dem Krieg von 1870/71 ihre Anstellungen. So eröffneten sie nach und nach Gaststuben und bekochten Handwerkergesellen, Seidenweber und Fabrikarbeiter, um sich weiterhin ihren Lebensunterhalt mit dem zu verdienen, was sie am besten konnten: Kochen nach den feinen Rezepten für ihre einstige Herrschaft. Nur dass es in solchen Zeiten der Not erheblich rustikaler zuging und sie auch Innereien und zähe Fleischstücke verwendeten, mit denen sie früher allenfalls die manchmal große Schar des Gesindes im Haus bedacht hätten. Lyons Mütter verstanden sich darauf, Kutteln und Hirn köstlich zuzubereiten und aus Innereien herzhaft gewürzte Würste herzustellen oder Schafsfüße mit Remoulade schmackhaft zu machen.*

*Als die Zeiten wieder besser wurden, hatten sie auch wieder hochwertigere Zutaten. So wurde die Mère Filloux für die „volaille demi-deuil" - ihre Poularde mit Trüffelscheiben unter der Haut - berühmt, die noch heute bei Paul Bocuse (s. S. 42) auf der Speisekarte steht. Ihr hat die Nachwelt auch noble Klassiker zu verdanken wie Trüffelcremesuppe, die überbackenen Hechtklöße mit Krebsbutter (Quenelles) und die Artischockenherzen mit Gänseleber. Bocuse lernte bei ihrer damaligen Gehilfin Eugénie Brazier, die später als erste Frau Frankreichs drei Sterne für ihr Restaurant bekam, bevor er die väterliche „guinguette" (Lokal mit Musik) international bekannt machte. Ein kreativer Koch der neuen Generation mit zwei Sternen - Mathieu Viannay - hat das Restaurant der Mère Brazier (s. S. 41) originalgetreu restauriert. Doch die Zeiten der berühmten Mères Lyonnaises, die z. B. Blanc, Poupon, Léa, Marcelle und Guy hießen, sind leider vorbei. Einige Restaurants tragen noch die früheren Namen (z. B. Mère Jean, Mère Brazier), werden **heute aber von Männern geführt.***

ein familiärer Geist, dafür sorgt die Seele des Hauses, Madame Arlette, vielleicht eine der letzten Mères Lyonnaises (siehe Exkurs oben), mit Eric und Henri an ihrer Seite. Alles schmeckt, wie es ein echter Lyoner Gaumen erwartet. Und man sollte unbedingt den Beaujolais probieren – Fleurie oder Morgon, es gibt hier sechs Appelationen zur Auswahl.

🕯**62** [G4] **Danièle et Denise** €€, 156 rue de Créqui, www.daniel-et-denise.fr, Tel. 04 78606653, Mo–Sa 12–13.40, 19–21.40 Uhr. 2008 wurde dieses

freundliche, helle Bouchon zum besten der Stadt gekürt. Hier kann man eine leichte Variante der Lyoner Bouchon Küche goutieren. Die namensgebenden Besitzer sind längst pensioniert. Heute bringt hier Joseph Viala, der seine Lorbeeren im ehemals legendären Léon de Lyon (s. S. 38) von Jean-Paul Lacombe verdient hat, nur qualitativ hochwertige Produkte auf den Tisch. Die Lage des Restaurants ist dabei von Vorteil: Zu den Halles (s. S. 19) sind es nur wenige 100 m.

022ly Abb.: ps

63 [B3] **Le Cabaretier** €, 6 rue de la Fronde, Tel. 04 78423811, Di–So 19–23 Uhr. In diesem Bouchon in der Altstadt, dessen Küche aber nicht allzu deftig daherkommt, bekommen Nachtschwärmer auch manchmal noch nach 23 Uhr etwas zu essen.

64 [D2] **Le Garet** €, 7 rue Garet, Tel. 04 78281694, Mo–Fr 12–14, 19.30–22 Uhr. Die Einrichtung aus den 1930er-Jahren. Hier soll Jean Moulin, Held des Widerstands gegen die Nazis, gern mittaggegessen haben. Für gehobene Qualität sorgt Küchenchef Emmanuel Ferra, der schon im Léon de Lyon und bei Bocuse gekocht hat. In der Nähe der Oper.

65 [C4] **Aux Trois Maries** €, 1 rue des Trois Maries, Tel. 04 78376728, Mo–Sa 12–14, 19–23 Uhr. Es liegt mitten im Vieux Lyon, hat eine einladende Terrasse und zählt zu den ältesten Bouchons der Stadt. Schon Paul Eluard soll hier die Lyoner Traditionsküche gemundet haben.

▲ *Balthaz'art: ein gemütliches Restaurant mit Künstlerflair*

Angesagte Brasserien und Restaurants

66 [F7] **A la guill'on dîne** €€, 59, grande rue de la Guillotière, Tel. 04 78693916, www.alaguillondine.fr, So und Mo geschlossen. Die Kulisse ist ganz Naturstein und die Küche könnte nicht erfinderischer sein. So kommen saftige Frösche in Curry, aber auch Foie gras des Hauses auf den Tisch. Man lasse sich überraschen. Kulinarisches Qualitätsbewusstsein fehlt der Besitzerin, die auch gern die Werke ihrer Künstlerfreunde ausstellt, jedenfalls nicht.

67 [bo] **Argenson** €€, 40 allée Coubertin, Bus 96 Stade Gerland, Tel. 04 72737273. Diese große Brasserie macht Bocuse alle Ehre, doch wenn man das Essen nicht gerade mit einem Besuch im Stadion von Gerland verbinden möchte, ist der Weg an den Stadtrand weit.

68 [C1] **Balthaz'art** €, 7 rue des Pierres Plantées, Tel. 04 72070888, Di, Mi 19.45–22.30, Do–Sa 12–14 und 19.45–22.30 Uhr. Von der Terrasse oberhalb der Montée de la Croix-Rousse hat man einen schönen Blick. Innen weisen die Bilder an der Wand darauf hin, dass Koch Frédéric d'Ambrosio sehr viel für Kunst übrig hat. Auch die Teller dekoriert er künstlerisch.

69 [C8] **Brasserie Georges** €, 30 cours de Verdun, www.brasseriegeorges.com, Tel. 04 72565454, Mo–Sa 11.30–23.15, Fr/Sa bis 0.15 Uhr. Diese elsässische Brauerei hinter dem Bahnhof Perrache ist schon seit 1836 in Lyon beliebt. Die riesige verspiegelte Halle im Art-déco-Stil bietet über 500 Plätze. Hier wurden schon Sauerkraut- und Omeletteportionen für das Guinessbuch der Rekorde serviert. Viel Prominenz hinterließ ihre Spuren. Biergläser und Teller kann man käuflich erwerben.

70 [C2] **Café de la Place** €, 5 place Sathonay, Tel. 04 78282688, 12–14 und 19.30–22 Uhr. Unverfälscht sympathisch. Von der Terrasse blickt man auf die gemütliche Place Sathonay, wo sich die Männer zum Pétanquespielen treffen. Goldrichtig, um das preiswerte Mittagsmenü zu genießen, ohne sich wie ein Tourist vorzukommen.

71 [C4] **L'Eau Salée** €, 4 rue Trois Maries, Tel. 04 78425612, 12–14 und 19–23.30 Uhr. Das einfache Restaurant mitten im Vieux Lyon serviert verhältnismäßig preiswert leckere Muscheln mit Fritten sowie verschiedene Crêpes.

72 [ej] **Est** €, 14 place J. Ferry (Gare des Brotteaux), Tel. 04 37242526. Die internationale Küche dieser Bocuse-Brasserie ist den Reisenden gewidmet und dazu passt auch die Lage in dem früheren Bahnhof des schicken Viertels Les Brotteaux.

73 [C6] **JoFé** €€, 3 rue Remparts d'Ainay, Tel. 04 78374037, Mo–Fr 12–14.30, 20–22 Uhr. Ein idealer minimalistisch-moderner Rahmen für ein romantisches Diner, das ruhig ein wenig kosten darf. Der Koch und seine Frau sind aus Nîmes und bringen mediterrane Frische nach Lyon. Darf es Weißwein aus den Cevennen zur Dorade sein? Die Desserts sind köstlich.

74 [D1] **L'Antre d'E** €, 16 rue Royale, Tel. 04 78283398, Mi–So 19–23 Uhr. Kreatives Ambiente macht den Charme dieses Restaurants aus, das auch Ausstellungen und Theater bietet. Salat und Spieße gibt es zum Selbstbedienen, ansonsten kommt saisonale, vorwiegend französische Küche auf den Tisch. Besser reservieren.

75 [bi] **L'Assiette du Vin** €, 8 rue Duviard, Tel. 04 78390750, Di–Sa 12–14 und 19–23 Uhr. Kleines preisgünstiges Restaurant in La Croix-Rousse mit leckeren Weinen und freundlichen Besitzern. Die Küche hält Überraschungen bereit, wie z. B. das Eis mit Ziegenkäsearoma.

76 [C7] **La Luciole** €, 50 rue Franklin, Tel. 04 72561837, Mo–Fr 12–14, Do–Sa 19–23 Uhr. Sympathisches kleines Lokal mit Empore im Retrolook. An den Wänden hängen berühmte Plakate aus den Anfängen der französischen Werbung. Die Küche ist preiswert und authentisch, nach Großmutters Art, je nachdem, was die Saison gerade Frisches bietet. Lucile Vermont wird in Lyon von manchen doch noch als neue Mère Lyonnaise gehandelt. Man kann hier auch kulinarische Souvenirs in Form edler Terrinen, Marmeladen und Öle erstehen, aber touristisch ist es überhaupt nicht.

77 [D4] **L'Épicerie** €, 2 rue de la Monnaie, Tel. 04 78377085, Di–So 12–23 Uhr. Gemütliche Einrichtung mit Reklame an den Wänden und Blechdosen auf den Regalen. Hier gibt es günstige Sandwichs, Kuchen und leckere Desserts. Liegt in einer Seitenstraße der rue Mercière.

78 [C1] **L'Épicerie culturelle** €, 3 rue Pierres Plantées, Tel. 04 78390768, 11–23 Uhr. Das multikulturelle Café bietet mediterrane Gerichte, Salate und orientalische Patisserien, auch zum Mitnehmen. Kulturprogramm am Donnerstagabend ab 19.30 Uhr. Besser reservieren, denn es spielen Musikgruppen (Eintritt frei).

KOCHKURSE BEI BOCUSE UND CO.

Jeans sind verboten. Die Teilnehmer der Kochkurse im Institut Bocuse müssen feste Schuhe tragen, ihre Haare unter einer Kochmütze verstecken und sich in weiße Kittel hüllen. Etikette, Hygiene und vor allem Sicherheit sind die Gründe, denn in den „laboratoires" genannten Küchen kann es beim Flambieren schon mal spritzen. Trotz geradezu militärischer Disziplin könnte ein scharfes Messer fallen oder etwas Heißes umkippen. Wenn sechs bis zwölf Küchenfanatiker hier hochkonzentriert gemeinsam kochen, wird es nicht nur ernst, sondern auch spannend. Die Dozenten sind meist erfahrene ehemalige Sterneköche. Das Institut besteht seit 1989, die Hotelfachschule bildet jedes Jahr ca. 380 Absolventen aus bisher 35 verschiedenen Ländern aus. Profiköche, die oft selbst später Restaurants eröffnen möchten, verfeinern ihre Kochkünste hier in mehrwöchigen Kursen, aber es gibt auch ein- bis dreitägige Angebote für die Küchenfreaks unter den Amateuren. Die Themen: französische und internationale Küche, Patisserie oder die Kunst des Backens. Die Kurse sind auf Englisch oder Französisch und kosten 120-180€ pro Tag. Man verspeist das in der Schule Gekochte in der Schloss-kantine und kann sich dort oder im Ort auch eine Unterkunft vermitteln lassen. Bis Lyon fährt man eine gute halbe Stunde.

*Es muss aber nicht immer Bocuse sein, in Lyon gibt es **Kochkursanbieter, bei denen es lockerer zugeht.** Hier bezahlt man für ca. 3 Std. 25 bis 120€.*

Hoher Anspruch

❯ *Institut Paul Bocuse,* Château du Vivier, 69131 Ecully, Tel. 04 72180 220, www.institutpaulbocuse.com,

❯ *Fabrice Bonnot (in der Boutique Emile Henri, 18 rue de Brest, boutiquelyon@emilehenry.com). Fabrice führt die gehobenen Restaurants Cuisine et dépendances Actes I und II und vermittelt das Wissen eines Profis.*

Zentral und erschwinglich

❯ *L'atelier des chefs,* 8 rue St-Nizier, www.atelierdeschefs.fr, Tel. 04 78924630, Mo-Sa 9-19 Uhr. Beliebte Kochkurse von 30 Minuten bis zu vier Stunden für alle, vom Anfänger bis zum Kind.

❯ *InCuisine* (s. S. 97). Kochkurse für Erwachsene und Kinder in dem kulinarischen Buchladen an der Place Bellecour, www.incuisine.fr.

---

79 [C7] **Le Jardin de Berthe** €, 3 rue Fleurieu, Tel. 04 78382446, Mo-Sa 12-14 und 19.30-22 Uhr. In diesem kleinen Restaurant mit Gewölbe kommen alle Salatfans auf ihre Kosten. Die Wirtin Berthe kultiviert selbst Salate in ihrem Garten und kreiert eine Vielzahl fantasievoller Varianten. Zudem gibt es Nudel-, Fisch- und Fleischgerichte.

80 [D3] **Léon de Lyon** €€, 1 rue Pléney, Tel. 04 72101112, Mo-So 12-14, 19.30-23 Uhr. Jean-Paul Lacombe hat mit den Terrassen vor seiner neuen Brasserie so gut wie die gesamte Straße privatisiert. Sie nimmt nun die komplette Fläche seines früheren Bistros Le Petit Léon und des noblen Sternerestaurants Léon ein, einer Institution, in der ein Menü 200€

kostete. Fortan setzt Lacombe auf eine hochwertige, gediegene und deutlich preiswertere Küche.

⑪81 [G4] **Maison Rousseau** €€, 102 cours Lafayette, www.maison-rousseau.com, Tel. 04 78623765, Di–Sa 8–22.30 Uhr. Topadresse für alle, die gern Austern und Meeresfrüchte essen. Das Maison Rousseau blickt auf eine über 100-jährige Tradition als Austernspezialist in den Halles von Lyon zurück und zieht den ganzen Tag über ein bunt gemischtes Publikum an.

⑪82 [D1] **Maison Villemanzy** €€, 25 Montée St-Sébastien, Tel. 04 72982121, www.maison-villemanzy.com, Mo–Sa 12–14 und 19.30–22.30 Uhr, montagmittags geschl. Von der Terrasse an einem Hang in La Croix-Rousse blickt man weit über die Stadt. Der Besitzer Guillaume Mouchel ist Österreicher und serviert eine frische Küche aus saisonalen Produkten vom Markt, im Sommer mit provenzalischem Einschlag.

⑪83 [ci] **Mon Père était Limonadier** €, 9 rue Justin Godard, Mo–Sa 20–1 Uhr, im August geschl. Familiäres, geschmackvoll in Rottönen eingerichtetes Restaurant mit Piano, am Hang von La Croix-Rousse gelegen. Die Karte ändert sich täglich. Serviert werden saisonale Produkte vom Markt nach Familienrezepten.

⑪84 [D3] **Nord** €€, 18 rue Neuve, Tel. 04 72106969. In dieser Bocuse-Brasserie kocht Fernando de Almeda und huldigt elegant der traditionellen Küche Lyons. Man fühlt sich wie in einem Waggon des Orient Express von anno dazumal. Für ca. 15 € bekommt man bereits eine Lyoner Wurst im Teigmantel mit Salat und ein Glas Wein.

⑪85 [dk] **L'Ouest-Express** €, Esplanade du Centre Commercial de la Part-Dieu, Metro Part-Dieu, Tel. 04 72179595. Fast Food von Paul Bocuse: Salate, Sandwiches, Kuchen für Gourmets, schnell serviert oder zum Mitnehmen. Als Erfolg

erwies sich bereits das erste Schnellrestaurant dieser Art in Vaise (41 rue des Docks) zwischen Bürohäusern und Kinos.

⑪86 [ah] **Ouest** €€, 1 quai du commerce, Metro Gare de Vaise, Tel. 04 37646464. Im Sommer ist die große Terrasse mit Blick auf die Saône sehr einladend. Es gibt eine Bar, an der man Cocktails trinken kann, man kann Weine degustieren, die hinter einer riesigen Glasscheibe lagern und der Speisesaal hat ein schlichtes, zeitgenössisches Design aus Holz und Metall. Klassische Küche oder exotische Inselküche stehen zur Wahl, z. B. Wokgerichte, Kabeljau nach indonesischer Art oder Gambas mit frischer Minze. In Vaise findet man nebenan das kleine Discoschiff Cargo und das große Multiplexkino um die Ecke sowie Paul Bocuses erstes Fast-Food-Restaurant Ouest-Express (41 rue des Docks).

⑪87 [F3] **Place des Sens** €€, 5 place Edgar Quinet, www.placedesens.fr, Tel. 04 72835024, Mo–Fr ab 12 Uhr, abends reservieren, Sa 11–18 Uhr. Das Restaurant von Valery Chavet hat ein dekoratives Design (manchmal Ausstellungen). Die raffinierte vegetarische Küche spricht mit duftenden Ölen (z. B. Lavendel, Zimt oder Ingwer) die Sinne an. Nachmittags gibt es Tee und Kuchen, abends zu Lesungen, Vorträgen oder Vorführungen ein Menü für 35 €.

⑪88 [C2] **Potager des Halles** €€, 3 rue Martinière, Tel. 04 72002484, Di–Sa 12–14, 19.30–23 Uhr. Künstler und andere Freiberufler gehen gern in dieses angenehme Lokal in der Nähe des Markts in den Halles de la Martinière (s. S. 18) und direkt gegenüber der Fresque des Lyonnais. Hier serviert Franck Delhoum, der im Restaurant von Bocuse und in der Brasserie Ouest lernte, Lyoner Küche mit mediteranem Pfiff. Im neueren Bistrot du Potager nebenan serviert er mittags Tagesgerichte für 9 € sowie Tapas und bietet Weindegustationen an.

Lecker vegetarisch

Bio oder frische Produkte aus ökologischem Anbau – Lyon bietet Vegetariern eine farbenfrohe und kreative Küche.

> **Place des Sens** (s. S. 39)
> **Soline** (s. S. 40)
> **Toutes les Couleurs** (s. S. 40)

🍴**89** [aj] **Quai des Arts** €, 8 Bis Quai St-Vincent, Tel. 04 72009736, Mo–Sa 12–14, Do–Sa 19–23 Uhr, So 10–15 Uhr Brunch. Das Restaurant von Les Subsistances (s. S. 50), dem Sitz der Kunsthochschule und Veranstaltungszentrum für Konzerte und Theater, serviert saisonale Küche vom Markt. Große Fenster und schöner Blick auf die Saône, aber man sitzt auch draußen gut. Der Szenetreff für Künstler und Kunstliebhaber füllt sich besonders nach Veranstaltungen.

🍴**90** [G5] **Soline** €, 89 rue Paul Bert, Tel. 04 78604043, www.soline.net, Mo–Fr 11.30–16 und Do ab 19 Uhr. Klare Farben vor gemütlicher Ziegelsteinwand, internationale vegetarische Küche zu 91 % bio und eine treue Stammkundschaft auf der Presqu'île. Küchenchef Mathieu bietet auch ayurvedische Kochkurse an. Es gibt eine Teestube und einen Raum zum Lesen und Entspannen.

🍴**91** [D6] **Sud** €€, 11 place A. Poncet, Tel. 04 72778000. Nur wenige Schritte von der Place Bellecour ㉑ setzt Chefkoch André Saubatjou schon seit 15 Jahren mit viel Gefühl die Gerichte des Südens um, die Paul Bocuse und Jean Fleury ursprünglich entwickelten: Auf der Karte (9 bis 25 €) stehen neben griechischem Fetakäse z. B. ein provenzalischer Gemüseteller und Tajine mit Bresse-Huhn.

🍴**92** [D7] **Thomas** €€€, 6/3/1 rue Laurencin, www.restaurant-thomas.com, Mo–Fr 11–23, Café auch Sa bis 1 Uhr. Der geschäftstüchtige Thomas Ponson hat gegenüber dem Musée des Tissus ㉓ gleich mehrere verführerische Lokale: Ein Café mit Tapasbar, ein Café Comptoir für Tellergerichte und Spieße und ein – was Preise und Portionen angeht – seriöses Restaurant, mit modernem, legerem Touch, wo man je nach Saison auch sehr gut Wild und Pilzgerichte isst.

🍴**93** [D1] **Toutes les Couleurs** €, 26 rue Imbert Colomès, Tel. 04 72000395, www.touteslescouleurs.fr, Di–Sa mittags geöffnet und Fr/Sa abends. „Nature et Progrès" und „Demeter" sind die Qualitätslabel dieses vegetarischen Restaurants an den Hängen von La Croix-Rousse (Metro Crois-Paquet). Die Küche ist international beeinflusst und erfinderisch – mit Paprika aus dem Balkan oder mediterranem Gazpacho und köstlichen Desserts. Alles 100 % bio und glutenfrei.

Sternenhimmel Lyon

Lyons 15 Sternerestaurants

> **Drei Sterne:** Paul Bocuse (s. S. 42)
> **Zwei Sterne:** L'Auberge de l'Ile, La Mère Brazier (s. S. 41), Nicolas Le Bec (s. S. 43), La Rotonde, Guy Lassausaie
> **Ein Stern:** L'Alexandrin, l'Auberge de Fond Rose, Christian Têtedoie, Le Gourmet de Sèze, Maison Clovis, Pierre Orsi, Les Terrasses de Lyon (s. S. 80), Les Trois Dômes, Larivoire, Le Bec & Taka (s. S. 43)

In der gesamten Region Rhône-Alpes befinden sich 86 von 558 französischen Sternerestaurants und das sind stolze 15,5 %.

► *Sternekoch Matthieu Viannay in der Küche seines Restaurants La Mère Brazier*

Gehobene Kochkunst und Sternetempel

94 [C7] **Cuisine et dépendances Acte II und Acte I** €€, 68 rue de la Charité, www.cuisineetdependances.com/v3/, Tel. 04 78374502, Mo–Sa 12–14.30 und 19.30–23 Uhr, im August drei Wochen geschl. Acte II ist nach dem Erfolg des etwas kleineren Acte I (46 rue Ferrandière, Tel. 04 78374484) das zweite Restaurant von Fabrice Bonnot und Cedric Le Gouill, die beide im berühmten Pariser Fischrestaurant Prunier Madeleine gelernt haben. Wer gern Fisch und Meeresfrüchte isst (frisch aus der Bretagne), kommt in den schick designten Restaurants im Lounge-Bar-Stil auf seine Kosten. Die Rezepte sind mediterran beeinflusst und es gibt sogar Bouillabaisse, eine Rarität in Lyon, die hier aber so echt zubereitet wird wie in Marseille. Fabrice Bonnot gibt auch Kochkurse (in der Boutique Émile Henri, 18 rue de Brest, boutiquelyon@emilehenry.com, Tel. 04 78373343).

95 [D1] **La Mère Brazier** €€€, 12 rue Royale, www.lamerebrazier.fr, Tel. 04 78231720, Mo–Fr 12–13.30 und 19.45–21.30 Uhr. Mathieu Viannay, der in dieser Institution das Zepter schwingt, wurde 2004 zum besten Koch Frankreichs gekürt und hat zwei Sterne. Beeindruckend wie seine kreativen Kochkünste ist auch das Lokal mit dem originalen Dekor und den Kachelwänden. Viannay restaurierte das einstige Restaurant der legendären Mère Eugenie Brazier. Die korpulente Köchin bekam als erste Frau drei Michelin-Sterne, bekochte de Gaulle und bildete Bocuse aus. Mittags kann man hier ein Menü für 35 € bekommen.

96 [F1] **M** €€, 47 avenue Foch, Tel. 04 78895519, Mo–Fr 12–14 und 19.30–21.30 Uhr. Etwas für Genießer, die gern stilvoll essen. Matthieu Viannay übergab die Brasserie im schicken Les Brotteaux an Julien Gautier. Kreative saisonale Küche vom Markt wird in von Schwarz und Orange geprägtem Designerambiente angeboten.

VON DER HAUTE CUISINE BIS ZUM FAST FOOD:

DAS UNIVERSUM PAUL BOCUSE

Unbestritten: Bocuse ist bekannter als Lyon selbst. Der über 80-jährige alte Meister der Küche hat eine unschlagbare internationale Medienpräsenz. Als einer der ersten Sterneköche Frankreichs wusste er: Klappern gehört zum Handwerk und wer die „haute cuisine" einem elitären Publikum vorbehält, wird weder reich noch berühmt. Seine Lyoner Brasserien Nord (s. S. 39), Sud (s. S. 40), Est (s. S. 37), Ouest (s. S. 39) und Argenson (s. S. 36), alle von 12-14 und 19.30-23, Fr/Sa 24 Uhr geöffnet) setzen **typische kulinarische Akzente.** *Hier kann man zu erschwinglichen Preisen so gut essen, wie Bocuse es grundsätzlich für angemessen hält. Die Bocuse-Gruppe bedient auch die Jugend und macht in Lyon sogar McDonald's Konkurrenz. Nach dem Ouest-Express in Vaise (41 rue des Docks) eröffnete im Oktober 2009 im Centre Commercial de la Part-Dieu die zweite, gleichnamige Fast-Food-Filiale von Paul Bocuse.*

Wesentlich mehr Ehrfurcht erzeugt sein gediegenes **Restaurant L'Auberge du Pont** *(www.bocuse.fr, Bus 40, tgl.*

12-13.30 und 20-21.30 Uhr), das seit 1965 jedes Jahr seine drei Michelinsterne bekommt. Es befindet sich außerhalb von Lyon in Collonges au Mont d'Or, dem Wohnort der Familie des Starkochs (40 rue de la Plage, Tel. 04 72429090). Die weithin sichtbare, frei stehende **Villa mit vier großen Speisesälen** *ist auch von außen lecker - in Erdbeer- und Pistazienfarben gestrichen. Bocuse ist hier allgegenwärtig: auf Fotos mit Sarkozy oder so manchem Filmstar und auf der fotogenen, bemalten Hauswand. Wer in diesem Gourmettempel tafelt, bezahlt für ein klassisches Menü des Chefkochs Christophe Muller mindestens 165 € pro Person und sollte viel für formellen Service und entsprechende Kleidung übrig haben. Auf der Karte steht Erlesenes, das wie schon zu Großmutters Zeiten serviert wird - das berühmte Bresse-Huhn, Salat mit Langusten oder Hummer, Jakobsmuscheln oder die kunstvoll mit hauchdünnen Kartoffelscheiben dekorierten Rotbarben. Es schmeckt, keine Frage, aber das ist nicht alles. Bocuse ist ein Mythos, eine Ikone. Er soll durch die Intensität seines Blicks Hühner eingeschläfert haben. Vielleicht zählt auch das zu den offenen Geheimnissen seines Erfolgs. Manchmal tritt er hier persönlich an den Tisch, zaubert unter seiner hohen Kochmütze ein wortloses Lächeln hervor und lässt sich* **wie eine überirdische Erscheinung** *mit seinen Gästen fotografieren. Da fühlt man sich doch den Staatspräsidenten und Filmstars gleich ein wenig näher. Bloß, dass das Foto später nicht im Restaurant hängt.*

O23ly Abb.: ps

97 [D4] **Le Bec & Taka** €€€, 14 rue Grôlée, www.nicolaslebec.com, Tel. 04 78421535, Di–Sa 12–14, 19.30–21.30 Uhr. Das Restaurant, mit einem Michelinstern ausgezeichnet, ist todschick, recht dunkel gehalten, spielt mit Schwarz-Weiß-Kontrasten und wirkt cool, aber nicht kühl. Nicolas Le Bec bekam mit Mitte 30 zwei Michelinsterne.

98 [am] **Rue Le Bec** €€, 43 quai Rambaud, www.nicolaslebec.com, Tel. 04 78928787, tgl. 7.30–2 Uhr. Lyons Sternekoch Nicolas Le Bec eröffnete 2009 sein drittes Restaurant, einen wahren Genusstempel auf 2000 m² in einer alten Salzfabrik in dem neu entstehenden Büro- und Wohnviertel Confluence. Neben einem Restaurant mit großer Terrasse zur Saône, das auch schnelle Mittagsküche für die Mitarbeiter aus den umliegenden Büros serviert, gibt es eine Bäckerei (öffnet um 7.30 Uhr), eine Weinbar und einen Blumenladen (schließt um 2 Uhr). Wer möchte, kann Käse, Fleisch oder Gemüse für zu Hause einkaufen. Man fühlt sich wie in einer überdimensionalen Lounge-Bar und einer Marktstraße zugleich.

99 [B5] **Têtedoie** €€€, Montée du Chemin Neuf, Tel. 04 78294010, www.tetedoie. com. Bei Sternekoch Christian Têtedoie essen und vom Fourvière-Hügel einen Panoramablick über Lyon genießen, was will man mehr? Ist nicht ganz billig, aber bei schönem Wetter gibt es auch Tellergerichte auf der Terrasse. Das italienische Restaurant Le Testa d'Oca befindet sich in unmittelbarer Nähe an der Rue de l'Antiquaille. Infos zu Kochkursen auf der Website.

◀ *Paul Bocuse und Christian Bouvarel im L'Auberge du Pont*

EXTRATIPP

Dinner for one
Kommunikatives Ambiente und genügend Raum, um sich beim Essen auch allein wohlzufühlen, findet man z. B. in diesen Restaurants:
> **Brasserie Georges** (s. S. 37)
> **La Luciole** (s. S. 37)
> **Soline** (s. S. 40)

Für den späten Hunger
Die meisten Restaurants servieren nur bis 22.30 Uhr. Eine der Ausnahmen ist das **Café 203**. Am Wochenende kann man z. B. im Vieux Lyon, in einigen Restaurants der Rue Mercière und in den Brasserien von Paul Bocuse bis 23 Uhr etwas bestellen. Kebabbuden und Snacks findet man im Vieux Lyon, auf der Rhône-Brücke Pont Wilson und oberhalb der Place des Terreaux in der Rue Ste-Catherine. Brot und Obst bekommt man nach Mitternacht in arabischen Lebensmittelläden.
> **Café 203** (s. S. 31)

Lokale mit guter Aussicht
Einen schönen Blick über Lyon hat man von einigen Terrassen und aus dem Restaurant der Oper. Im 32. Stock des Radisson Hotels in La Part-Dieu reicht der Blick aus der Bar Ciel de Lyon weit über die Stadt. Am preiswertesten kann man die Aussicht von der Terrasse des Café du Gros Caillou in La Croix-Rousse genießen.
> **Bar Ciel de Lyon** (s. S. 45)
> **Café du Gros Caillou** (s. S. 100)
> **Les Muses de l'Opéra** (s. S. 90)
> **Maison Villemanzy** (s. S. 39)
> **Têtedoie** (s. S. 43)

025ly Abb.: ps

LYON AM ABEND

Die Altstadtgassen bieten die höchste Dichte an Kneipen und Restaurants. Hier finden Nachtschwärmer beliebte Pubs, Kabaretts und Bars. Im Sommer lässt man sich draußen treiben und die kleinen Räume der Discos Richtung Saône-Quai bleiben lange leer. Discogänger zieht es dann eher ins La Voile (s. S. 48), La Cour des Grands (s. S. 48) oder First (s. S. 48). Alle drei haben große Terrassen sowie Bar- und Restaurantbetrieb vor Discobeginn und liegen etwas außerhalb des Zentrums.

In lauen Sommernächten sammelt sich ein buntes junges Volk auf den Treppenstufen an der Rhône und auf den Wiesen der *berges* (Ufer) herrscht Unifetenstimmung. Wer an Bord der *péniches* (Kähne) keinen Platz mehr bekommt, lässt sich an den Tischen am Ufer oder auf der Wiese nieder. Die frische Luft vom Fluss und der Blick zur Presqu'île sind herrlich. Auf den Schiffen wird getanzt und nach Mitternacht verwandeln sich einige in echte Discos.

Ça bouge beaucoup. Man bewegt sich viel in Lyon. Wer es den Bewohnern gleichtun und die nächtliche Innenstadt zu Fuß durchstreifen möchte, beginnt den Abend z. B. im Vieux Lyon im The Smoking Dog (s. S. 46) oder La Mi-Graine (s. S. 46) und überquert danach die Rhône-Brücke. Ein besonderer Tipp auf der Presqu'île ist die Cocktailbar Soda (s. S. 46). Salsa-Fans bleiben danach vielleicht schon im Mi Barrio (s. S. 48) hängen. Sonst geht es ein paar Schritte weiter über die Place Sathonay ins Atmosphère (s. S. 45). Schon ganz schön für einen Abend. Aber von hier kann man immer noch überlegen, ob man in die versteckten kleinen Szenebars an den Hängen von La Croix-Rousse weiterziehen möchte oder wieder hinunter Richtung Zentrum oder zu den Schiffen auf der Rhône. Studenten treffen sich gern in den Pubs und Discos wie Road 66 oder Ayers Rock (s. unten) oberhalb der Place des Terreaux ⓮ auf der Presqu'île. Und findet man den Weg zu Fuß zu weit, nimmt man vielleicht ein *vélo'v* (s. S. 114). Mit diesen Leihfahrrädern sind viele Nachtschwärmer in Lyon noch unterwegs, wenn die Metro schon lange nicht mehr fährt.

NACHTLEBEN

Bars und Pubs

❼100 [C1] **Atmosphère,** 9 montée des Carmélites, Mo–Sa 18–2 Uhr. In dieser bei einem bunten Publikum beliebten Szenekneipe oberhalb der Place Sathonay wird Rockmusik gespielt, ab und zu treten auch lokale Livebands wie Voyage de Noz hier auf.

❼101 [D2] **Ayers Rock,** 2–4 rue du Désirée, tgl. 20–3 Uhr. Auf der kleinen Tanzfläche des bei Studenten sehr beliebten australischen Pubs mit Parkett wird schon früher als in den großen Discos abgetanzt, wenn es sehr voll ist, sogar auf den Tischen. Nebenan ist das **Cosmopolitan Café,** wo es ähnlich, aber cocktailbetonter zugeht.

❼102 [ci] **Cassoulet, Whisky, Ping-Pong,** 4 Ter rue de Belfort, Metro Croix-Rousse, Mo–Sa 18–2 Uhr. Die kleine Szenbar in La Croix-Rousse hält, was ihr Name verspricht: Es gibt Eintopf mit Bohnen und Fleisch, eine gute Whisky-Auswahl und eine Tischtennisplatte im Obergeschoss. Ab und zu auch Dichterlesungen oder Abende mit klassischer Musik.

❼103 [E5] **Ciel de Lyon,** 129 rue Servient, Tel. 04 78635500, www.radissonblu. com, Mo–So 11–1 Uhr. Die Bar des Hotels Radisson ist wegen ihres weiten Panoramablicks aus dem 32. Stock des weit sichtbaren Crayon (Bleistifts) beliebt. Man kann hier nachmittags

einen Kaffee oder abends Cocktails trinken. Di, Do und Sa spielt abends jemand auf dem Piano, mittwochs steht Jazz auf dem Programm.

❼104 [D3] **Comptoir de la Bourse,** 33 rue de la Bourse, Metro Cordeliers, Mo–Sa bis 3 Uhr. In schicken roten Sesseln oder an der langen Theke nippt man hier an seinem Cocktail, Wein oder auch Cappuccino. Beliebter Treffpunkt für ein Ü-30-Publikum vor oder nach dem Essen.

❼105 [F6] **De l'Autre Côté du Pont,** 25 cours Gambetta, Metro Guillotière, www.delautrecotedupont.fr, Mo–Fr 8–1, Sa 16–1 Uhr. In-Treff für Bobos *(bourgeois bohèmes)* und Studenten, Bar, Restaurant und Konzertsaal zugleich. Die Kulturbar hat anheimelnde Ziegelsteinwände und ein agiles Kulturprogramm, fungiert als Kooperative und setzt auf alternative Biokost lokaler Erzeuger.

❼106 [F7] **Indo Café,** 14 Rue de la Thibaudière, Tel. 04 78583330, www.indocafe. fr. Wer den Abend mit einer Vernissage beginnen oder etwas in die Kultur und Szene des Viertels La Guillotière abtauchen möchte, ist hier genau richtig: Live-Konzerte, DJs, Mo–Mi Afterworkparties und Drinks von 18 bis 20 Uhr zum halben Preis. Das Restaurant (mittags geöffnet) ist preisgünstig, die Bar gut sortiert.

❼107 [B4] **La Cour des Loges,** 6 rue du Bœuf, Metro Vieux Lyon. In der Designerbar des Nobelhotels Cours des Loges kann man noch zu fortgeschrittener Stunde zu kosmopolitem Flair und Preisen Cocktails oder Absacker trinken.

❼108 [D1] **La Fourmi rouge,** 7 place Colbert, Metro Croix-Rousse, tägl. bis 1 Uhr. Diese Szenebar an einem gemütlichen Platz in La Croix-Rousse hat eine Terrasse mit Blick und ein alternatives Publikum aus dem Viertel.

◀ *Salsa auf Kubanisch im Mi Barrio (s. S. 48)*

🔊**109** [B3] **La Mi-Graine,** 11 place St-Paul, Di–Sa bis 3 Uhr. Kultur- und Theaterbar in der Altstadt. Von Improvisationstheater über Livekonzerte bis zum gemütlichen Abend auf der Terrasse kann man hier alles erleben.

🔊**110** [ci] **Le Bistrot fait sa broc,** 3 rue Dumenge, Metro Croix-Rousse, Mo–Sa 18–1 Uhr. Diese hippe Bar mit schrillbunter Einrichtung zieht mit Ausstellungen zeitgenössischer Maler ein über 30-jähriges lokales Publikum an.

🔊**111** [D3] **Le Georgia,** 18 rue Longue, Do–Sa 19–3 Uhr. Blues, Rock, Pop, Disco – das Georgia ist besonders für seine Livekonzerte (www.georgia-concert.fr) beliebt und Raucher schätzen den großzügigen Raucherraum. Donnerstags ab 19 Uhr After-Work-Partys.

🔊**112** [C2] **Le Palais de la Bière,** 1 rue du Terme, Metro Hôtel de Ville, Di–Sa 18–1 Uhr. Biertrinker können hier 15 Biere vom Fass und fast 300 weitere Biersorten (viele belgische) probieren. Weitere Spezialitäten: Muscheln und Fritten sowie Fußballübertragungen.

🔊**113** [E5] **Le Sirius,** 2 quai Augagneur, Mo–Sa 16–3 Uhr, So 14–20 Uhr. Schiffsidylle mit Flussblick, Piratenflair und Chill-Out. Zu späterer Stunde wird dieses Schiff auf der Rhône auch zur Disco, manchmal gibt es Livekonzerte. Ist es hier zu voll, kann man auf die *péniche* La Passagère in der Nachbarschaft ausweichen – oder umgekehrt.

🔊**114** [A1] **Modern Art Café,** 65 bvd. de la Croix-Rousse, Metro Croix-Rousse, tägl. bis 2 Uhr. Diese nette, relaxte Bar mit Terrasse wird gern von Fans zeitgenössischer Kunst besucht. Regelmäßig Ausstellungen lokaler Künstler und Livemusik.

🔊**115** [C2] **Soda,** 7 rue de la Martinière, Mo–Mi 18–1 und Do–Sa 18–3 Uhr. An der langen Theke dieser ausgesprochen netten Cocktailbar kann man den ehrgeizigen *barmen* beim Mischen der Cocktails zusehen. Alkoholische wie nicht alkoholische Kreationen sind köstlich und es gibt erfinderische Varianten der Klassiker. Die Beleuchtung ist dezent, die Musik nicht zu laut, man kennt sich, schätzt das Flair und trifft sich hier sicher mal wieder.

🔊**116** [C4] **St. James Pub,** 19 rue St-Jean, Metro Vieux Lyon, tägl. bis 2 Uhr. Dieser bei Lyons Jugend hochbeliebte irische Pub hat Buntglasfenster und ein Kellergewölbe. Man kann hier nonstop essen, Darts oder Billard spielen und Bier trinken. Besonders voll ist es bei Übertragungen von Fußballspielen oder Konzerten.

🔊**117** [C3] **The Smoking Dog,** 16 rue Lainerie, Metro Vieux Lyon, tägl. 14–1 Uhr. Lyons Jugend und Studenten zieht es in Scharen in diesen stimmungsvollen Pub voller Bücherregale. Man kennt sich, trifft sich schon zur Happy Hour ab 20 Uhr, hat hier schon das eine oder andere Fußballspiel zusammen gesehen oder an einem der Quizabende teilgenommen. Die Getränke holt man sich selbst an der Bar.

Weinbars

🔊**118** [B4] **Georges Five,** 32 rue du Bœuf, www.georgesfive.com. Wenn keine geschlossenen Veranstaltungen stattfinden, ist diese Weinbar von Georges dos Santos eine Topadresse.

🔊**119** [D3] **La Cave d'à Côté,** 7 rue Pleney, Mo–Mi 7.30–20, Do–Sa bis 23.30 Uhr. Die Flaschen türmen sich in den Regalen in diesem Gewölbe in einer Gasse nahe der Kirche St-Nizier ⑰ und es ist gemütlich wie in einem Bouchon. Inhaber Frédéric Billon verkauft und serviert ca. 400 Weine zu traditionellen Gerichten, aber er freut sich immer, wenn man ihn nach Entdeckungen von Winzern aus der nahen Umgebung Lyons fragt. Auch die Ankunft des Beaujolais nouveau (s. S. 27) im November wird hier groß gefeiert.

120 [B3] **La Cave des Voyageurs,** 7 place St-Paul, Di–Sa 11–24 Uhr. Der *patron* empfiehlt originelle Weine aus verschiedenen Ländern. Diese gemütliche und gar nicht formelle Weinbar in der Altstadt nahe des Gare St-Paul zählt zu den ältesten und beliebtesten Lyons.

121 [D3] **L'Harmonie des Vins,** 9 rue Neuve, Di–Sa 15–24 Uhr. Hier atmen Holzfässer und die holzbetonte Einrichtung Atmosphäre. Auf der Karte stehen über 300 Weine. Dazu gibt es Käse- oder Wurstplatten und gute Beratung.

122 [F7] **Vercoquin,** 33 rue de la Thibaudière, Metro Saxe-Gambetta, Do–Sa 19–1 Uhr. In der stilvollen Bar dieses Wein- und Feinkostladens in La Guillotière kann man ab 3 € pro Glas über 400 Weine degustieren, vorwiegend aus biologischem Anbau. Ein Sommelier berät.

Jazz

123 [D2] **Bec de Jazz,** 19 rue Burdeau, Mi–Sa 23–5 Uhr. Der Besitzer dieser Bar an den Hängen von La Croix-Rousse ist aus Benin und zugleich Pianist und Maler. Szenetreff für Jazzliebhaber und eine nette Adresse für Livemusik von Piano über Gesang bis zu Trompete oder Saxophon.

124 [C3] **Hot Club Jazz,** 26 rue Lanterne. Lyons angesagtester Jazzklub bietet Konzerte und Jamsessions in einem Kellergewölbe mit viel Ambiente.

125 [D3] **Le Baryton,** 30 rue de l'Arbre Sec, Metro Cordeliers. Donnerstags und freitags wird in dieser kleinen Kneipe mit Pianobar Jazz gespielt.

Salsa und Latino

126 [ej] **Barrio Klub,** place Jules Ferry, Metro Brotteaux, Di/Mi ab 22 Uhr 100 % Salsa, Do–Sa bis 3 Uhr Latinonächte. Im früheren Vog im einstigen Bahnhof Les Brotteaux kann man in der Woche auf klasse Parkett zu gutem Sound Salsatanzen oder an Kursen teilnehmen. Am Wochenende wird für ein breiteres Publikum Merengue, Reggaeton und Latinopop

Georges dos Santos im Georges Five: in Lyon eine Koryphäe für Wein

aufgelegt. Essen kann man im Sommer auch auf der Terrasse. Und natürlich gibt es Cocktails und Zigarren à la Havanna.

⊕**127** [D2] **Casa Latina,** 2 place des Terreaux, Do–Sa 22.30–3 Uhr. In dieser kleineren Bar bleibt die Tanzfläche nicht lange leer. Hier trifft sich das karibische und südamerikanische Lyon.

⊕**128** [E6] **Gato Negro,** 15 rue Montes-quieu, Metro Guillotière, Mo–Sa 16–1 Uhr. Studentische Latinodisco in La Guillotière mit viel Programm von Salsa-kursen bis zu Flamencoabenden. Tapas, Mojitos und latino-hispanophile Musik.

⊕**129** [C2] **Mi Barrio,** 27 rue de la Marti-nière, Di–So 19–3 Uhr. Hier lebt Kuba – Che-Porträts an den Wänden, Fidel Cas-tro im Fernsehen. Es ist Lyons sympa-thischste Adresse, um Salsa zu tanzen. Wer es noch nicht kann, lernt es hier von den anderen auf der Tanzfläche. Oder in den Kursen (tägl. um 19 und 20.30 Uhr).

Discos

⊕**130** [cm] **A KGB,** 2 rue des Bons Enfants, Metro Jean Macé, Do–Sa 23–3 Uhr. Russischer Wodka, russische Kultobjekte und russische Musik. Kultklub mit Terras-se, Patio, Bars und mehreren Räumen. Hier trifft sich Lyons Jeunesse dorée.

⊕**131** [am] **Docks 40,** 40 Quai Rambaud, www.docks40.com. Bar und Restaurant im neuen Confluence-Viertel an der Sâo-ne mit Riesenterrasse. Mittwochs Live-Musik, donnerstags After-Work-Partys und Jazz sowie am Wochenende Disco. Beliebter neuer Szene- und Business-Treff mit multifunktionellem Konzept (auch Events und Seminare).

⊕**132** [D1] **DV 1,** 6 rue Violi, Metro Trois-Paquet, Mi–So 22–4 Uhr. Die Tanzfläche dieses kleinen Gayklubs in La Croix-Rousse ist im Keller, die Bar oben. In ganz Lyon sehr beliebt wegen der exzel-lenten, abwechslungsreichen Musik. In einem Saal ist sie eher *mainstream,* ein zweiter begeistert Elektrofans.

⊕**133** [ej] **First,** 13–14 place Jules Ferry, Metro Brotteaux, Do–Sa ab 24 Uhr, Ein-tritt frei. Bevor in der Disco etwas los ist, schwingen die Tanzlustigen (vor Mitter-nacht) schon im **Aperiklub** nebenan Hüf-ten und Tanzbein. Der Pavillon mit Glas-wänden neben dem früheren Bahnhof im schicken Les Brotteaux ist auch wegen seiner großen Terrasse beliebt. Szene-treff eines bunten, nicht ganz unbetuch-ten Publikums, das sein Studium meist schon etwas länger hinter sich hat.

⊕**134** [al] **La Cour des Grands,** 60 chemin Choulan, Di–Sa 19–6 Uhr, Eintritt 10 €, Bus 46 oder 49 bis Choulans-Tourelle. Dieser gayfreundliche Klub, früher als La Chapelle bekannt, hat einen Parkplatz. Wer nicht mit dem Auto kommt, nimmt am besten ein Taxi. In einer restaurierten Villa aus dem 16. Jh. legen beliebte DJs der Elektroszene auf. Im Sommer laden im großen Hanggarten mit Blick auf Lyon Sessel und Sofas zum Chillen ein.

⊕**135** [E5] **La Marquise,** 20 quai Augag-neur, Di–Sa 18–5 Uhr. Nach Mitternacht gibt es Funk, Reggae, Hip-Hop und Elektro auf dieser beliebten *péniche* (Kahn) am Ufer der Rhône. Viele Konzerte und don-nerstagabends Improvisationstheater.

⊕**136** [B7] **La Voile,** 12 quai du Maréchal Joffre, Mi–Sa 22–3 Uhr. Dieser Klub hat mit Restaurant 1500 m² Fläche und eine Toplage direkt an der Saône mit Blick hinüber nach St-Georges. Der Pool wur-de leider geschlossen. In der Disco geht es erst ab 1 Uhr so richtig los. Eintritt frei, junges Publikum.

⊕**137** [C2]**Le Madras 2,** 3 rue Terme, Metro Hôtel de Ville, Fr/Sa 22.30–4 Uhr. Cocktails, kreolische Musik und Reggae versetzen einen in die Antillen.

⊕**138** [C2] **Le Marais,** 3 rue du Terme, Metro Trois Paquet, Fr–Sa 23–5 Uhr. In Lyons Lesbendisco wird House, Disco und Funk gespielt und es sind auch He-teros willkommen. Rosa Wände und gute Stimmung.

⊕**139** [co] **Ninkasi Kao,** 267 rue Marcel-Mérieux, Metro Gerland. Nicht zentral gelegen, aber eine beliebte Institution eines der wenigen in Lyon heimischen Bierbrauer. Terrasse, Restaurant, Brasserie und Disco zugleich, je nach Tageszeit. Spricht auch über 30-jährige an und bietet Konzerte und Veranstaltungen. In Lyon verteilt gibt es weitere kleinere Filialen ohne Brauerei, in denen man Bier und Bistroküche bekommt (z. B. Ninkasi Opera, 27 rue de l'Arbre Sec, Ninkasi Ampère 1 rue Henri IV, oder Ninkasi Gratte Ciel, 6 avenue Henri Barbusse).

⊕**140** [E5] **Q-Boat,** 17 quai Augagneur, Do–Sa 22.30–5 Uhr. Solange in der Disco unten im Schiffsbauch niemand abhottet, kann man an Deck des großen rostfarbenen Schiffs auf der Rhône den schönen Blick über den Fluss auf die bis 24 Uhr angestrahlte Stadt genießen.

▶ *Beliebter Breakdancer-Treff: die Arkaden der Oper (s. S. 50)*

THEATER UND KONZERTE

Wer Französisch kann, hat von einem Besuch mehr. Das gilt auch für die **Kaspertheater** im alten Lyon, aber der kecke Guignol (s. S. 76) und sein gern beschwipster Gefährte Gnafron gehören nun mal zu Lyon wie die Saône und die Rhône. Von Juli bis August bieten die Nuits de Fourvière (s. S. 11) im römischen Theater von Fourvière ein renommiertes Kulturprogramm (Open Air).

Auch ohne Französischkenntnisse kommt man in der Oper (s. S. 50) und im Maison de la Danse (s. S. 50) in den Genuss **erstklassiger Vorstellungen** international bekannter Künstler. Das Orchestre National de Lyon ist im Auditorium zu hören, weniger Klassisches im Transbordeur. Ob Musik, Tanz, Zirkus oder Theater – Les Subsistances (s. S. 50) ist die Adresse für internationale Nachwuchskünstler, Veranstaltungsort mit Atmosphäre

und Festivalcharakter sowie Schauplatz des Elektromusikfestivals „Nuits sonores" (s. S. 10).

Die **Karten für Konzerte und Veranstaltungen** bekommt man online, telefonisch, an der Abendkasse, in den Läden FNAC (www.fnac.com/spectacles) oder Virgin (43, rue Président Herriot), über die Tageszeitung Le Progrès (http://www.leprogres.fr/fr/billetterie/index.html) oder über die Touristeninformation an der Place Bellecour ㉑.

🔴**141** [dk] **Auditorium de Lyon,** 149 rue Garibaldi, www.auditoriumlyon.com, Metro Part-Dieu. Liebhaber klassischer Musik können hier Lyons eigenes Staatsorchester hören, das 2005 seinen 100. Geburtstag feierte. Das Betongebäude in Jakobsmuschelform bietet 2150 Plätze, eine tolle Akustik und wird nachts angestrahlt. Filmkonzerte in Kooperation mit dem Institut Lumière und Weltmusik in Kooperation mit dem Fußballklub Olympique Lyonnais hat es hier auch schon gegeben.

🟠**142** [B3] **Espace Gerson,** 1 place Gerson, www.espacegerson.com, Tel. 04 78279699. Das beliebte Café-Théâtre zeigt humorvolle Inszenierungen und dienstags tolles Improvisationstheater. Während der Vorstellung sitzt man mit Getränken an kleinen Tischen.

🟠**143** [fm] **Institut Lumières,** 25 rue du Premier-Film, Metro Monplaisir-Lumière, Tel. 04 78781895. In diesem Programmkino neben dem Filmmuseum steht noch eine alte Mauer der Fabrik der Brüder Lumière, die in Lyon das Kino erfanden. Hierher pilgerten viele internationale Filmemacher und ihre Namen sind auf der Mur des Cinéastes verewigt. Präsident des Instituts, das seit 2009 Lyons Filmfestival organisiert, ist der Filmregisseur Bernard Tavernier. Im Sommer auch Open-Air-Kino.

🟠**144** [aj] **Les Subsistances,** 8 Bis quai St-Vincent, Bus 19, 31, 44, Tel. 04

78391002, www.les-subs.com. In diesem Künstlertreffpunkt am Ufer der Sâone wird mit Tanz, Theater, Musik und Zirkusakrobatik experimentiert. Im ehemaligen Gebäude eines Klosters, das später als Kaserne genutzt wurde, ist heute Lyons Kunsthochschule (École des Beaux-Arts) untergebracht. Hier befinden sich zudem Wohnräume für internationale Künstler, deren Projekte gefördert werden, die Proberäume der Band Le Peuple de L'Herbe, das Restaurant Quai des Arts, mehrere Probebühnen und Ateliers sowie drei Theatersäle.

🔴**145** [eh] **Le Transbordeur,** 3 bvd. Stalingrad, www.transbordeur.fr, Tel. 04 78930833. Wenn dieser Saal für Großkonzerte bestuhlt ist, hat er 1500 Plätze. Hier finden auch DJ-Partys statt. Liegt leider nicht gerade zentral.

🟠**146** [B5] **Maison de Guignol,** 2 montée du Gourguillon, Metro Vieux Lyon, www.lamaisondeguignol.fr, Tel. 04 72402661. Dieses Theater in St-Georges liegt neben dem Café du Soleil, wo der Zahnausreißer Morguet die ersten Handpuppen erfand. Kinder dürfen nach der Nachmittagsvorführung hinter die Kulissen schauen. Abends Vorstellungen für Erwachsene.

🟠**147** [fn] **Maison de la Danse,** 8 avenue Jean Mermoz, Tel. 04 72781800, www.maisondeladanse.com. Hochkarätige Adresse für Gastspiele französischer und internationaler Tanztheatertruppen. Es wurde 1980 als erstes „Haus des Tanzes" in Frankreich gegründet und seine Strahlkraft reicht weit über Lyon hinaus. Es ist auch ein bedeutender Schauplatz für Lyons Biennale des Tanzes (s. S. 11).

🔴**148** [D2] **Opéra National,** place de la Comédie, www.opera-lyon.com. Es ist ein Erlebnis, eine Oper- oder Balletinszenierung oder ein klassisches Konzert in Lyons von Jean Nouvel restaurierter Oper zu erleben. Im Sommer wird im Foyer regelmäßig Jazz gespielt.

○**149** [fl] **Théâtre des Asphodèles,** 115 av. Lacassagne, Tel. 04 72611255, www. asphodeles.com. Am Eingang eines ehemaligen Labors in Montchat sind Lyoner Berühmtheiten von Rabelais bis Claude Bernard auf einer bemalten Hauswand porträtiert. Das kleine Off-Theater für Komödien im Hof ist eine Plattform für den deutsch-französischen Austausch. Künstlerisch Interessierte von 18 bis 30 Jahren können an professionellen Projekten und Weiterbildungen teilnehmen.

○**150** [C5] **Théâtre des Célestins,** Place des Célestins, Metro Bellecour, Tel. 04 72774000, www.celestins-lyon.org/. Die Kameliendame Sarah Bernard trat hier auf, Napoleon zählte zu den Zuschauern. Das Theater im italienischen Stil des 19. Jh. atmet 200 Jahre Theatergeschichte. Heute wird es von Claudia Stavisky und Patrick Penot geleitet. Es zeigt Klassiker (Brecht, Horvath, Shakespeare, Marguerite Duras), ist erfreulich progressiv orientiert und Schauplatz des internationalen Theaterfestivals.

○**151** [C3] **Théâtre de Guignol,** 2 rue Louis Carrand, Metro Vieux Lyon, Tel. 04 78289257, www.guignol-lyon.com. Hier verteidigt die junge Künstlertruppe Zonzons (s. S. 76) seit 1994 das historische Erbe Guignols. Abends auch satirische Stücke für Erwachsene.

▲ *Lyons Oper von Jean Nouvelle*

LYON FÜR KUNST- UND MUSEUMSFREUNDE

MUSEEN

Sehenswerte, kleine Privatmuseen mit restaurierten historischen Webstühlen lassen die Geschichte der einstigen Seidenweberstadt aufleben. Kunstliebhaber kommen insbesondere im Musée des Beaux-Arts **15** auf ihre Kosten. Landesweit einzigartig ist das Marionettenmuseum **2**.

152 [ci] **Association Soierie Vivante,** 21 rue Richan und Ecke rue Godart und Lebrun, Metro Croix-Rousse, Besichtigung Di–Sa 14–16 Uhr, Eintritt: 5 €, beide Ateliers 8 €. Auf Deutsch oder Englisch nur im Rahmen von Führungen über das Office du Tourisme, Place Bellecour. Das einstige Atelier mit Wohnraum der Bortenweberin Henriette Letourneau liegt in einem typischen Seidenweberhochhaus von La Croix-Rousse. In den hohen Räumen mit großen Fenstern führt die gemeinnützige Vereinigung Soierie Vivante die Funktionsweise der drei originalen Webstühle aus Nussbaumholz vor, die mit städtischen Geldern restauriert wurden. Man lernt das Lochkartensystem

---

KURZ & KNAPP

Les Canuts – die Seidenarbeiter

Canuts heißen die Seidenweber nach dem **Schiffchen**, der *canette,* die sie an den Webstühlen zwischen den Schussfäden hin- und herschoben. Im Jahr 1832 rief die Zeitung der Seidenarbeiter L'Écho de la Fabrique zu einem Wettbewerb auf, um Ersatz für dieses von manchen als herabwürdigend empfundene Wort zu suchen. Heraus kam *tisseurs.* Doch viele Seidenarbeiter waren nun wiederum erst recht stolz auf ihre althergebrachte Berufsbezeichnung *canut.*

---

von Jacquard kennen und kann Zierborten und Kordeln für Uniformen anschauen oder Seidenstoffporträts, denn im 19. Jh. war es groß in Mode, Bilder und sogar Speisekarten auf Stoffe weben zu lassen. Zur bedeutenderen Kundschaft dieses Ateliers gehörten die katholische und die orthodoxe Kirche und sogar die Armee der USA. Nur etwa 800 m entfernt gibt es ein zweites mit originalen Webstühlen ausgestattetes Atelier (Do–Sa 15–17 Uhr oder geführt), wie es sie in La Croix-Rousse zu Zehntausenden gab. Hier wohnte und arbeitete im 19. Jh. die letzte Seidenweberfamilie auf 65 m² und alles sieht noch aus wie früher. In den Shops beider Ateliers findet man Souvenirs wie Spulen, Schiffchen und Seidenschals.

153 [D3] **Atelier de Soierie,** 33 rue Romarin, www.atelierdesoierie.com, Mo–Sa 9–12 und 14–19 Uhr, Eintritt frei. Das Atelier in der Nähe der Place des Terreaux widmet sich der für Lyon typischen Seidenmalerei und dem Seidendruck. Die Farben werden vor Ort gemischt und man kann beim Bemalen von Samtstoffen mit Reliefs und quadratischen Stoffbildern zuschauen. Es werden auch Stoffe traditionell mit einer Gravierplatte bedruckt. Seit 1930 arbeitete man in Lyon mit dem Siebdruckverfahren und konnte so gleichzeitig mehrere Bilder in Serie bedrucken. Wie dies funktioniert, kann man sich hier ansehen. Schals, Krawatten und bedruckte Stoffe gibt es im Obergeschoss zu kaufen.

154 [D8] **Centre d'Histoire de la Résistance et de la Déportation,** Centre Berthelot, 14 avenue Berthelot, Tram T2, www.chrd.lyon.fr, Tel. 04 78722311, Mi–Fr 9–17.30 Uhr, Sa/So 9.30–18 Uhr, Eintritt: 5 €, Audioguides auf Deutsch. Das ehemalige Gebäude der Militärärzteschule war 1942–1944 Sitz

Museen, die mit einer magentafarbenen Nummer (❷⑥) als Hauptsehenswürdigkeit ausgewiesen sind, werden im Kapitel „Lyon entdecken" ausführlich beschrieben. Dort finden sich auch alle praktischen Informationen wie Adresse, Öffnungszeiten usw.

der Gestapo. Man betritt es durch den Innenhof des Centre Berthelot, das Teile der Universität beherbergt. In den Museumsräumen folterte der „Schlächter von Lyon", Gestapochef Klaus Barbie (gest. 1991), der auch den südfranzösischen Widerstandskämpfer Jean Moulin ermordete. Barbie wurde 1983 in Bolivien festgenommen und am 11. Mai 1987 begann in Lyon sein Prozess, bei dem er wegen Verbrechen gegen die Menschlichkeit zu lebenslanger Haft verurteilt wurde. Das Museum zeigt einen Film mit Originalauszügen des Prozesses. Im Obergeschoss veranschaulichen Fotos, Zeittafeln, Video- und Tondokumente, darunter Rundfunkansprachen der BBC und Filmausschnitte entlang eines dunklen Gangs die Geschichte von Nationalsozialismus, Kollaboration und Widerstand im besetzten Frankreich. Nach dem Krieg konnten etliche Zeugenaussagen von Menschen aufgenommen und gefilmt werden, die Flugblätter drucken ließen und verteilten und Verfolgten halfen. Daneben kann man hier auch persönliche Zeugnisse hören, z. B. von Frauen, die in der Résistance aktiv waren. Bis heute pflegt das Museum den Kontakt zu Zeitzeugen. Einige erzählten ihre Geschichte im Museum vor Schulklassen. Lyon war bis 1942 nicht Teil des besetzten Frankreichs und spielte im Widerstand eine so wichtige Rolle, dass General de Gaulle am 14. September 1944 im Rathaus eine Dankesrede hielt und die Stadt zur „capitale de la résistance" (Hauptstadt

des Widerstands) erklärte. Im Keller finden Wechselausstellungen statt, die häufig Bezüge zu aktuellen Kriegen und Menschenrechtsverletzungen haben.

🏛️**155** [el] **Musée Africain,** 150 cours Gambetta, Bus 9, 23, 36 bis Manufacture des Tabacs, Tel. 04 78616098, www. musee-africain-lyon.org, Mi–So 14–18 Uhr, Eintritt: 6 €. Das 1861 von der Gesellschaft der Afrikamissionen „Missions Africains de Lyon" gegründete Museum mit altmodischem Charme widmet sich in einer Villa mit knarrenden Holzdielen auf drei Etagen den Kulturen Westafrikas. Missionare brachten einen Großteil der Exponate von ihren Reisen mit. Zu sehen sind u. a. Gewichte in Tiergestalt, mit denen Goldstaub gewogen wurde. Den Alltag, soziale Hierarchien und Kunstschaffen illustrieren Musikinstrumente, koloniales Silber und Elfenbein, Figuren britischer Soldaten, Serviettenhalter, Schwarz-Weiß-Fotos von Häuptlingen, in Benin geschnitzte christliche Skulpturen, z. B. Maria und Josef aus dunklem Holz mit afrikanischen Gesichtszügen. Auch Jeanne d'Arc ist hier vertreten, neben Masken und Amuletten mit Kaurimuscheln. In jeder Etage liegt ein Ordner mit weiterführenden Erklärungen in englischer Sprache.

🏛️**156** [dh] **Musée d'Art Contemporain,** Cité Internationale, 81 quai Charles de Gaulle, www.mac-lyon.com, nur wenn Ausstellungen sind: Mi–So 12–19 Uhr, Fr bis 22 Uhr, Eintritt: je nach Ausstellung. Das von Renzo Piano erbaute Museum ist seit 1995 Schauplatz der Kunstbiennale. Auf drei Etagen bietet es 3000 m² Fläche, die für Wechselausstellungen zeitgenössischer Kunst genutzt wird, sowie für Performances (z. B. Jan Fabre), Installationen (z. B. Sophie Calle), Retrospektiven (z. B. Keith Haring 2008). Ungewöhnlich: In Zusammenarbeit mit Künstlern werden im Museum Kunstwerke für das Museum geschaffen.

157 [A4] **Musée d'Art Sacré de Fourvière,** 8 place Fourvières, www.fourviere.org/, Tel. 04 78251301, tgl. 10–12.30 und 14–17.30 Uhr, Eintritt: 5 €. Das Museum für religiöse Kunst neben der Basilika von Fourvière zeigt Wechselausstellungen zu sakralen Themen. Dauerhaft zu sehen ist hier der Schatz der Basilika mit der Monstranz, Bischofsstäben und Pektoralkreuzen der Eminenzen, Messkännchen und Abendmahlkelchen der Kardinäle. Alle drei Jahre sind die *tableaux de guérison* zu sehen. Diese Gemälde, mit denen um Heilung gebeten wurde, gehören dem Museum. Einige hängen in der Kapelle der Basilika.

158 [B6] **Musée de la Renaissance des Automates,** 100 rue St-Georges, Metro Vieux Lyon, www.museeautomates.com, tgl. 14.30–18 Uhr, Eintritt: 7/5 €. Das kleine Museum eines Automatenherstellers zeigt in sieben Räumen über 250 Automaten und 20 bewegte Szenen aus dem Alltagsleben und der Geschichte Frankreichs. Vom Kasper über die Seidenweberfamilie, die Käsemacherin und den Dorfpolizisten bis zur Tänzerin von Degas beleben Figuren dieses besonders für Kinder lustige Museum. Wer etwas für alte Automaten übrig hat, kann an der Kasse oder im Internet attraktive kleine und große Musikboxen kaufen.

159 [D3] **Musée de l'Imprimerie,** 13 rue de la Poulaillerie, Metro Cordeliers, www.imprimerie.lyon.fr, Tel. 04 78376598, Mi–So 9.30–12 und 14–18 Uhr, Eintritt: 6 €, Wechselausstellungen. Das Druckereimuseum hat einen Turm mit Wendeltreppe und hübsche Loggien zum Hof. Es liegt in einem typischen Renaissancebau, dem Hôtel de Couronne von Ende des 15. Jh., in dem einer der wohlhabendsten Kaufleute der Stadt wohnte. Barthélémy Buyer druckte hier 1476 das erste aus dem Lateinischen übersetzte religiöse Buch in französischer Sprache: *La Légende dorée* von Jacques de Voragine.

Das Museum dokumentiert die technische Seite der Entwicklung des Buchdrucks und informiert zum Humanismus in Lyon und bedeutenden Druckern wie Sébastien Gryphe, Jean de Tournes und Etienne Dolet. Seltenheitswert haben die Inkunabeln (vor 1500 mit beweglichen Lettern gedruckte Schriften), eine wurde in Nürnberg von Koberger gedruckt. Am interessantesten ist der den Abbildungen gewidmete Raum mit Kartenspielen, Karikaturen, Kunstdrucken und Plakaten. Zum Schmunzeln und Staunen bringen insbesondere die Holzschnitte von Gustave Dorée zur Illustration von Rabelais Mammutwerk *Pantagruel und Gargantua* sowie Lithografien, Kupferstiche und Holzschnitte aus dem 16. und 17. Jh., die zum Druck der Bibel verwendet wurden.

▲ *Vorführung am Webstuhl im Maison des Canuts*

⑮ [D3] **Musée des Beaux-Arts.** Es rangiert unmittelbar hinter dem Louvre in Paris und ist in einem ehemaligen Benediktinerkloster des 17. Jh. untergebracht, dem Palais St-Pierre. Gemälde, Skulpturen, Münzen und Kunstobjekte vom Alten Ägypten bis zum 20. Jh. sind hier zu sehen. Zuletzt kaufte das Museum mit der Hilfe von Sponsoren für 17 Mio. Euro das Ölgemälde „Flucht aus Ägypten" (1657–1658) des französischen Malers Nicolas Poussin.

㉖ [G4] **Maison des Canuts,** 10 rue d'Ivry, Metro Croix-Rousse, Tel. 04 78286204, www.maisondescanuts.com, Geöffnet Mo–Sa 11–18 Uhr, Führungen 11 Uhr und 15.30 Uhr, Eintritt: 6 €, Kinder 3 €. Lampas, Damast, Broché, Velours – das kleine Museum in einer Nebenstraße auf der Hochebene von La Croix-Rousse hält Lyons Seidenwebertradition lebendig und der Museumsshop verkauft Seidenschals und Krawatten, Kurzwaren, gewebte Bilder, Accessoires und Postkarten.

🏛160 [bn] **Musée des Confluences,** www.museedesconfluences.fr, Infopavillon: 86 quai Perrache, Tram T1 Montrochet, Tel. 04 78373000, Mi–Sa 13–18 Uhr, So 10–12 und 13–18 Uhr. Dieses Museum, ein Projekt des Département du Rhône, ist noch eine Baustelle. Es soll aber künftig für Lyon ein Touristenmagnet werden, wie das Guggenheim-Museum für Bilbao oder die Stadt der Wissenschaften für Valencia. Das Design des dekonstruktivistischen Baus aus Beton, Glas und Metall stammt vom avantgardistischen österreichischen Architekturbüro Coop Himmelb(l)au. Die Arbeiten haben begonnen, aber die zunächst für 2010 geplante Fertigstellung lässt aus finanziellen (geplant: 175 Mio. €) und politischen Gründen bis mindestens 2014 auf sich warten. Ethnologische und naturwissenschaftliche Themen sollen hier dann in Szene gesetzt werden, u. a. aus der Sammlung des ehemaligen Naturwissenschaftsmuseums. Bis dato sind Ausstellungen aus der Sammlung an anderen Orten zu sehen und neben der Baustelle präsentiert ein Informationscontainer die Architektur des neuen Museums. Die Architekten griffen für ihren Entwurf die Formen eines Kristalls und einer Wolke auf, Symbole für das Bekannte und das Unbekannte, die Klarheit der vertrauten Umgebung von heute und die fließenden Konturen der ungewissen Zukunft. Beide Elemente treffen sich auf einem Sockel, während die Wolke zugleich 8 m hoch über dem Garten schwebt und mit ihrer metallischen Struktur als Spiegel dient. Auf den 22.000 m² Gesamtfläche sind zehn Räume mit 7400 m² Ausstellungsfläche geplant, plus zwei Auditorien und Flächen für kulturelle Aktivitäten.

EXTRATIPP

Ausflug in den Alltag der reichen Römer

Von Lyon aus leicht mit dem Zug zu erreichen ist **St-Romain-en-Gal,** die Nachbarstadt von Vienne (s. S. 104), am rechten Ufer der Rhône. Das galloromanische Museum lohnt den Besuch mindestens ebenso wie das von Lyon ⑫. Der transparente Glasbau steht auf Pfeilern auf dem 3 ha großen Ausgrabungsgelände mit über 2000 Jahre alten Überresten von Häusern, Lagerstätten und Thermen. Besonders anschaulich: die Latrinen, die Fußbodenheizungen mit erhaltenen Bleirohren und die Häuser mit ihren luxuriösen Innenhöfen. Im Museum beeindrucken die Kunst der Mosaikleger von Vienne, Fresken und viele sehr anschauliche Modelle.

› **Musée Gallo-Romain de St-Romain-en-Gal**, Route départementale 502, 69560 St-Romain-en-Gal, Di–So 10–18 Uhr, www.musees-gallo-romains. com, 4 €, Do freier Eintritt

🏛 **161** [dl] **Musée des Moulages,** 3 rue Rachais, Di–Do 14–18 Uhr, Tel. 04 72848112, Eintritt: 5 €. Das Museum der Université 2 zeigt qualitativ hochwertige Reproduktionen durch Formgüsse aus Gips, die heute nicht mehr gefertigt werden – von der griechischen Antike bis ins 19. Jh. Besonders lohnt der Besuch, wenn in diesem ungewöhnlichen Rahmen Wechselaustellungen gezeigt werden.

㉓ [C6/7] **Musée des Tissus et des Arts Décoratifs.** Über glatte Parkettböden durchstreift man zwei Prunkvillen aus dem 18. Jh. Im Ticketpreis ist der Besuch des Stoffmuseums und des Kunstgewerbemuseums inbegriffen. Zu entdecken: wertvolle historische Stoffe und Möbel, Fayencen und Keramik aus der Wohnwelt des Adels und Hochbürgertums.

❷ [B4] **Musée Gadagne.** „Reich wie die Gadagne", hieß es schon im 16. Jh. in Lyon. Ehrfürchtig und auch manchmal neidisch wird das heute zuweilen noch gesagt. Gemeint ist die zwischen 1535 und 1581 in Lyon ansässige Florentiner Bankiersfamilie Guadagni, die zu den reichsten der Stadt gehörte. Sie empfing Nostradamus, war Kreditgeber der französischen Könige und beteiligte sich an der Expedition von Jean Verazanne (Giovanni da Verrazano), der 1524 aufbrach, um Indien zu erreichen, stattdessen als erster Europäer in der Bucht von New York landete. In dem luxuriösen Stadtpalast der Bankiers befinden sich heute das Museum für Stadtgeschichte und das internationale Marionettenmuseum.

⓬ [A5] **Musée Gallo-Romain de Lyon-Fourvière.** Das Museum liegt rechts neben dem Theater mitten im Zentrum der einstigen Römerstadt Lugdunum und stellt hier gefundene Zeugnisse der ersten Jahrhunderte Lyoner Stadtgeschichte aus. Zu sehen sind zudem Funde aus der Region Rhône-Alpes sowie erst 1992 in Vaise (Lyons 9. Arondissement) ausgegrabene Goldschmiedearbeiten.

DIE CITÉ DE LA CRÉATION:

*Zieht da eine Frau Geld aus dem Automaten? Auf den zweiten Blick erkennt man, dass die Szene **auf eine Wand gemalt** ist. Alltäglich und täuschend echt. Kinder versuchen, die Treppenstufen hochzugehen. Kein Wunder, sie sehen wirklich aus wie die Treppe, die auf das Plateau von La Croix-Rousse führt. Aber sie ist nur gemalt, auf die fensterlose Mauer eines sechsstöckigen Mietshauses in unspektakulärer Umgebung.*

*„Die Bank und die Autowerkstatt waren unsere Sponsoren", erklärt Halim Bensaïd, in Annecy geboren, algerischer Abstammung und seit 1978 also von Anfang an - Mitglied der **Lyoner Künstlergruppe Cité de la Création** (www.cite-creation.com). Di „Mur des Canuts" („Wand der Seidenweber"), eine der großflächigen bemalten Hauswände in Lyon, (Bild s. S. 73) erlitt einige Jahre nach ihrer Fertigstellung im Jahr 1987 einen Wasserschaden. Die Leute des Viertels La Croix-Rousse liebten das Bild und setzten sich für seine Erneuerung ein, die 1997 erfolgte. Halim: „Die junge Frau mit dem Buch und der Mann mit dem Fahrrad und dem Kind auf dem Arm waren in der ersten Version noch Kinder." Die Figuren wuchsen mit, das Wandbild ist lebendig wie die Bewohner des Viertels. Eine wichtige Devise der Künstlergruppe, die Straßenkunst für jedermann macht.*

Selbstverwirklichung ist für sie Nebensache, was sie von Graffitikünstlern unterscheidet und ihre Werke zugleich davor schützt, von Protestlern wieder übersprüht zu werden. „Für uns ist eine Hauswand wie die Hau

STRASSENKUNST FÜR DAS VOLK

der Bewohner", sagt Halim. Will heißen: Die **Bewohner haben Mitspra-
cherecht.** Selbst wenn die Künstler bereits die Erlaubnis der Besitzer haben,
erarbeiten sie ihre Motive gemeinsam
mit den Bewohnern der Häuser und
des Viertels. Was alles in allem äußerst langwierig sein kann. Die Rea-
lisierung der Wandfresken an den Sozialwohnungen von Tony Garnier im
Viertel États-Unis (s. S. 106) dauerte
bis zur kompletten Fertigstellung ganze 14 Jahre. In dieser Zeit wurde kein
einziges Bild je besprüht.

Die zwölf Gründungsmitglieder
der Cité de la Création besuchten gemeinsam Lyons Hochschule für schöne Künste, was die Herkunft ihrer
Kenntnisse über die **Illusionsmalerei ("Trompe-l'Oeil")** mit allen ihren
perspektivischen und technischen
Kunstgriffen erklärt. Halim: "Es ist
althergebrachtes Wissen von der Re-

naissance bis zum Zeitalter der Filmkulissen. Zum Beispiel Caravaggio
war für uns ein großes Vorbild." Und
die Künstler verband noch etwas. Sie
wollten vielen Menschen Kunst zugänglich machen. "Wir waren hung-
rig auf ein kollektives Abenteuer",
sagt Halim, "in öffentlichem Raum,
der uns nicht gehört."

Mit Erfolg: Bis heute schlossen sich
ihnen um die **70 Designer und Fassa-
dengestalter** an. Lyon ist inzwischen
so etwas wie ihr Schaufenster - ein
Showroom für Interessierte aus aller
Welt. Bis heute bemalten sie über 470
Fassaden auf mehreren Kontinenten,

▲ *Lebensecht als stünden sie heute
noch auf dem Balkon - die Brüder
Lumière (Exkurs s. S. 67) an der
Fresque des Lyonnais* ⑯

u.a. in der U-Bahn an der Oper der Partnerstadt Frankfurt, und expandierten von ihrem Lyoner Hauptsitz in Oullins aus nach Quebec, Potsdam, Jerusalem, Moskau, Japan und China. In Shanghai schufen sie 2009 das weltgrößte Wandgemälde auf 5000 m² am Supermarkt Carrefour Wuning im Distrikt Putuo.

Lyons bekannteste Wandmalerei, die Fresque des Lyonnais ⑯*, liegt im Zentrum, während man für manche der inzwischen 180 weiteren Fassadenverschönerungen mit Rad, Bus oder Metro weit durch die Stadt fahren muss (siehe unten: Wegweiser zu Lyons Wandmalereien). Auch wenn man die abgebildeten Personen eigentlich gar nicht kennt: Man bleibt stehen, staunt, schaut beim Weitergehen bewusster an den Hausfassaden empor und fragt sich: Sehen sie nur wie gemalt aus oder sind sie echt?*

Der Umweltthematik widmet sich seit Dezember 2010 eine neue Wandmalerei in Lyon: La Fresque de l'Annonciade (2, Rue de l'Annonciade, Métro C bis Croix-Paquet). Sie erstreckt sich über 600 m² und verflechtet Luftaufnahmen des berühmten Fotografen Yann Arthus-Bertrand nachempfundene Motive mit floralen Elementen.

Gebäude mit Wandmalereien

Presqu'île:

★**162** [C3] **Bibliothèque de la Cité:** Ecke rue de la Platière und rue de la Pêcherie. Bibliothek mit Büchern von Schriftstellern aus Lyon und der Region Rhône-Alpes.

⑯ [C2] **Fresque des Lyonnais:** Ecke Quai St-Vincent und rue de la Martinière. Hier werden 30 berühmte Persönlichkeiten Lyons gezeigt.

Vieux Lyon:

★**163** [C3] **Cours des Loges:** 3 place Ennemont Fousseret. Die Wandmalerei im Innenhof des gleichnamigen Hotels ist Theatervorhang und Bühne zugleich.

La Croix-Rousse:

★**164** [bi] **Mur des Canuts:** Boulevard des Canuts/rue Denfert Rochereau, Metro Hénon. Die alltägliche Szenerie aus dem Viertel Croix-Rousse (erstmals 1987 gemalt) wird alle zehn Jahre aktualisiert und ist mit 1200 m² Fläche eine der größten Wandmalereien in Lyon.

La Guillotière:

★**165** [F6] **Mur du Cinéma:** 18 cours Gambetta, Metro Guillotière. Dem Kino gewidmete Wand mit einer Szene aus dem ersten Film der Brüder Lumière.

Quartier des États-Unis:

★**166** [em] **Tour de Babel:** 5, 11 und 262 avenue Berthelot, T2 bis Jet d'Eau Mendès France. Der Turm von Babel nach Brueghel, Nicolas de Crécy und als Zukunftsvision von Coop Himmelb(l)au. Weitere 25 Wandmalereien im **Musée Tony Garnier** ㉜.

Gerland:

★**167** [bo] **La Fresque de Gerland:** 18 rue Pierre-de-Coubertin, Metro Stade de Gerland. In der Nähe des Stadions. Lyon mit ihrer Mannschaft Olympique Lyonnais als zukunftsorientierte Fußballstadt.

Monplaisir:

★**168** [fl] **Voyage dans la ville:** 98 avenue Lacassagne. Bus 25, 28 oder Metro Grange Blanche. Sieben Wandmalereien in Folge mit insgesamt 200 Personen veranschaulichen die Entwicklung der öffentlichen Verkehrsmittel in Lyon.

Collonges-au-Mont-d'Or:

★**169** **La rue des Grands Chefs:** 40 rue de la Plage. Kulinarische Wandmalerei am Restaurant von Paul Bocuse (s. S. 42).

🏛 **170** [B4] **Musée International de la Miniature**, 60 rue St-Jean, Maison des Avocats, www.mimlyon.com, Tel. 04 72002477, Mo–Fr 10–18.30, Sa/So bis 19 Uhr, Eintritt: 7/5,50 €. Ein Schmetterling ziert die ockerfarbene Bogengalerie des eleganten Maison des Avocats, einem der Musterbeispiele für die gelungene Restaurierung der Lyoner Altstadt. Auf drei Stockwerken zeigt das Museum Miniaturmalereien und Filmkulissen in Lebensgröße. Der Gründer des Museums, Dan Ohlmann, lernte die Besitzerin des Hauses kennen, die ebenso wie er eine passionierte Sammlerin von Miniaturen war und so kam das kuriose Museum zustande. Viele minutiöse Miniaturnachbildungen berühmter Lyoner Orte, z. B. dem Ballettsaal der Oper, des Théâtre des Célestins oder der Brasserie Georges, schuf der Miniaturkünstler, Dekorateur und Innenarchitekt Dan Ohlmann selbst.

31 [fm] **Musée Lumière.** Château nannten die Einwohner von Monplaisir die schicke Jugendstilvilla der Familie Lumière (s. S. 67 Exkurs) mit Wintergarten und Park, heute Sitz des Musée Lumière. Liebhaber von Film und Fotografie können sich hier in die Anfänge des bewegten Bilds zurückversetzen und die originalen ersten Kurzfilme von Louis Lumière anschauen. Lohnt sich auf jeden Fall, auch wenn man nicht mehr wie die ersten Zuschauer von *L'Arrivé du train en gare* bei der rasanten Einfahrt eines Zugs in den Bahnhof in Deckung geht.

32 [en] **Musée Urbain Tony Garnier.** In dem kleinen zweistöckigen Ausstellungsraum sind Wechselausstellungen zu sehen und hier meldet man sich auch für die Führungen durch das ungewöhnliche Open-Air-Museum an. Es geht zu 25 bemalten Hauswänden, die im Quartier des États-Unis, benannt nach dem Standort einer amerikanischen Kaserne im Ersten Weltkrieg, für Farbe und lebendige Visionen sorgen.

KUNSTGALERIEN UND STIFTUNGEN

🖼 **171** [C6] **Fondation Bullukian**, 26 place Bellecour, Metro Bellecour, Tel. 04 72529334, www.bullukian.com. Die nach ihrem Gründer Napoleon Bullukian benannte Stiftung fördert soziale Projekte, medizinische Forschung zur Bekämpfung von Krebs und auch Kunst. Sie zählt zu den Schauplätzen der Kunstbiennale und zeigt häufig interessante Ausstellungen zeitgenössischer Künstler.

🖼 **172** [fk] **Institut d'Art Comtemporain,** 11 rue Docteur Dolard, Villeurbanne, Bus C3, www.i-ac.eu, Tel. 04 78034700, Mi–So 13–19 Uhr, Eintritt: 4 €. Auf 1200 m² Fläche sind hier in angenehm hellen, modernen Räumen vier Ausstellungen zeitgenössicher Künstler pro Jahr zu sehen. Die eigene Sammlung des Instituts umfasst über 1500 Werke von 700 Künstlern, die bei Wanderausstellungen in der ganzen Region Rhône-Alpes gezeigt werden.

🖼 **173** [an] **La Sucrière,** 47/49 quai Rambaud, Tram 1 bis Monrochet, Di–So 12–19, Fr bis 22 Uhr. Während der Kunstbiennale sind in der ehem. Zuckerfabrik aus den 1930er-Jahren spannende Ausstellungen zeitgenössischer Künstler zu sehen. Auf drei Etagen stehen 7000 m² zur Verfügung. Das Gebäude liegt im neuen Viertel Confluence an der Saône, wo künftig weitere Galerien, Restaurants, Büros und Kinos eröffnen.

🖼 **174** [D3] **MAPRA,** 7–9 rue Paul Chenavard, www.mapra.org. Tel. 04 78295313. Diese Organisation setzt sich für die sozialen und beruflichen Interessen der Künstler und Bildhauer in der Region Rhône-Alpes ein und fungiert als Informations- und Dokumentationszentrum. In den Ausstellungsräumen, die sich auf zwei Etagen verteilen, sind – u. a. im Rahmen der Kunstbiennale – Wechselausstellungen zu sehen.

032ly Abb.: ps

LYON ZUM TRÄUMEN UND ENTSPANNEN

Von der Hektik der Stadt ausruhen? Ideal sind die Wiesen, Bänke und Sonnenliegen am Ufer der Rhône. Auf der Höhe der romanischen Kirche St-Martin d'Ainay ㉒ *kann man es sich auch an dem schmaleren Saône-Ufer unter Trauerweiden bequem machen. Manchmal proben hier im Sommer Straßenmusiker und man hat einen schönen Blick auf St-Georges.*

Zum Träumen laden **kleine Plätze** wie die Place Sathonay ㉔ ein und **große Parks** wie der Parc de la Tête d'Or mit kostenlosem Zoo ㉙ und Rosengarten oder der Parc des Hauteurs ⑩ auf dem Fourvière-Hügel. Im Sommer erfrischt ein Bad in der Piscine du Rhône. **Bei kälteren Temperaturen** wirken Dampfbad und Massage im arabischen Hammam sehr entspannend. In der Altstadt laden zahlreiche Tische und Stühle zum Verweilen ein und wer seine Ruhe haben möchte, steigt über die Treppen zum Jardin du Rosaire, dem Rosengarten der Basilika von Fourvière ⑪, hoch, der nicht nur Bänke, sondern auch romantische Ecken mit schöner Aussicht bietet.

❯ Le Café de la Place (s. S. 37)
❯ Le Café du Gros Caillou (s. S. 100)
❯ Le Sirius (s. S. 46)

🏠**175** Le Pavillon de La Rotonde, 3 avenue du Casino, Charbonnières les Bains, www.pavillon-rotonde.com, Tel. 04 78877979. Lyons Reiche zieht es zuweilen samstags oder sonntags zum Brunchen mit Spa in dieses Fünfsternehotel in Lyons Umgebung. Schick und teuer. Ein schöner Park und Casino der bekannten Partouche-Gruppe in der Nähe.

S**176** [D2] Les Bains de l'Opéra, 18 rue Joseph Serlin, www.lesbainsdelopera.com, Tel. 04 78291654, com, Metro Hôtel de Ville, Di–So 11–19 Uhr, Di und Fr bis 22 Uhr. Orientalische Badetradition, Massage und Schönheitspflege gegenüber der Oper. Nach Geschlechtern getrennt. Hammam 17 €, Hammam und Peeling 31 €, epilieren ab 14 €.

S**177** [bh] Lyon Plage Spa, 84 quai Joseph Gillet, www.lyonmetropole.com, Tel. 04 72104434, Mo–Fr 6.30–22.30 Uhr. Nicht billig, dafür purer Luxus. Fitnesscenter, Massage sowie Spa mit Jacuzzi und Schwimmbecken in Olympiagröße und Indoorpool im Hotel Métropole.

S**178** [E6] Piscine du Rhône, 8 quai Claude Bernard, Tel. 04 78720450, Metro Guillotière, Mitte Juni–Anfang Sept., Mo 12–20 Uhr, Di–So 10–20 Uhr, im Sept. nur bis 19 Uhr, 3,30/ermäß. 2,50 €. Freibad direkt an der Rhône, wird ab 2012 renoviert und erweitert.

AM PULS
DER STADT

003ly Abb.: ps

DAS ANTLITZ LYONS

„Kinder schließt die Augen, gleich nach dem Tunnel kommt Lyon", sagte der französische Schriftsteller Alphonse Daudet Mitte des 19. Jh., wenn die Familie mit dem Zug von Paris aus in die Provence unterwegs war. Viele Frankreichurlauber, die mit dem Auto den 1700 m langen Tunnel von Fourvière durchqueren, um über die Autoroute du Soleil weiter gen Mittelmeer zu fahren, halten Lyon bis heute für eine blasse Industriestadt für die Durchreise – und wissen nicht, was sie verpassen. Kaum eine Stadt ist eine so sehr verkannte Schönheit wie die Hauptstadt der Region Rhône-Alpes und des Département Rhône. Nicht nur sind 500 ha ihrer Fläche Weltkulturerbe und erstrahlen in aufpoliertem florentinischem Glanz. Lyon macht als „Stadt des Lichts" international von sich reden und zwischen ihren zwei Hügeln und zwei Flüssen pulsiert das kulturelle und soziale Leben.

TRISTESSE ADIEU

„Die Gegend an den Ufern der Rhône ist sehr pittoresk, aber das Stadtinnere mit seinen hohen Häusern und den engen Straßen ist traurig, düster und dreckig. Betriebsamkeit und Bevölkerung sind im Verhältnis ebenso groß wie in Paris, doch erweist sich die Lebendigkeit als eine verdrießlich-geschäftige. Es ist die Unruhe

◀ Vorseite: Blick über die Presqu'île zwischen Saône und Rhône

der Arbeit, nicht des Vergnügens", schrieb **George Sand**. Und Colette: „Fünf Tage in Lyon sind endlos." Das fand auch **Heinrich Heine**: „Hier ennuyire (langweile) ich mich schrecklich. Das Theater ist meine einzige Ressource." Nur **François-René Châteaubriand** war schon früher ganz anderer Meinung: „Ich habe Lyon gesehen … Ich glaube, es ist die Stadt, die ich auf der Welt von allen am meisten liebe."

Die Zeiten haben sich geändert. So stark wird das heutige Lyon seine Besucher nicht mehr polarisieren. Die graue Maus mit rußig-schwarzen Fassaden ist **inzwischen eine schillernde Metropole.** In der Altstadt bringt das Licht am Morgen und Spätnachmittag die Pastelltöne der Renaissancearchitektur fotogen zur Geltung. Sie spiegeln sich im Wasser der Saône, während die breitere Rhône die prunkvoll verzierten Brücken und die Weite des Himmels reflektiert. Vom Fourvière-Hügel aus reicht der Blick weit über die Häuser, die nach Osten hin höher und moderner werden. Dorthin bestand geografisch die einzige Möglichkeit der Stadterweiterung. Bei schönem Wetter erscheint am Horizont der Mont Blanc, sonst sieht man nur bis zu den Bergen der Umgebung.

REICHE METROPOLE MIT ELAN

Nach der Ära der Seidenweber verlagerte sich die Lyoner Textilindustrie, die zunehmend auf sogenannte intelligente Materialien setzt, an den hügeligen Stadtrand und in der Innenstadt blieb das helle, leichte Erbe der reichen Florentiner. Von Rabelais bis Claude Bernard brachte Lyon bedeutende Mediziner hervor sowie Tüftler wie die Brüder Lumière oder Louis

Ampère. Heute ist die Stadt ein wichtiger Standort für die Pharmaindustrie (Rhône-Poulenc) und die IT-Branche (Ataris, Electronic Arts). Erfindergeist, Arbeitsethos und eine lange Händlertradition machte aus Lyon **eine der reichsten Städte Frankreichs,** die heute landesweit eine der niedrigsten Arbeitslosenquoten aufweist. Lyon ist zudem Sitz von Interpol und der Internationalen Agentur für Krebsforschung.

Soziale Brennpunkte wurden wie in anderen Ballungsräumen Frankreichs an die Peripherie verdrängt, z. B. nach Vénissieux und Mermoz, doch sie sind alles andere als klassische Ghettos und so bietet das Office du Tourisme auch in Vorstädten mittlerweile Stadtführungen zu avantgardistischer Architektur an. Schon in den 1930er-Jahren nahm Lyon eine **Vorreiterrolle im sozialen Wohnungsbau** ein. Vorzeigeobjekte für Architekturfans sind die Gratte Ciel von Villeurbanne und das von Tony Garnier erbaute Quartier des États-Unis. Weltoffen und bunt ist das Straßenbild, seit die Cité de la Création (s. S. 56). mit inzwischen über 180 Wandmalereien künstlerische Akzente an den Hauswänden setzte.

Pittoreske Gassen, große Boulevards, repräsentative Plätze – **Lyon erinnert in vielem an Paris.** Doch obwohl viele Lyoner es bis heute bedauern, dass ihre Stadt nicht die Hauptstadt ist – war sie doch in ihrer Geschichte als Hauptstadt Galliens lange Zeit bedeutender als Paris – hat sie viele Vorteile, die Paris nicht bieten kann: Eine im Landesvergleich einzigartige Dichte an Sternerestaurants und lorbeergekrönten Küchenchefs, ein erschwinglicheres und weniger anonymes studentisches Nachtleben und ein hochkarätiges kulturelles Angebot. Breakdancer unter den Arkaden der Oper (s. S. 50) und auf den Plätzen der Altstadt, Modeschöpfer, kreative Nachwuchsköche und Festivals wie die Biennalen des Tanzes und der zeitgenössischen Kunst künden von kreativem Elan.

ONLY LYON

Only Lyon – nur Lyon – lautet der Slogan des Office du Tourisme nach dem Motto: Ein Tiger ist kein Löwe. Dieses Statement zur **Einzigartigkeit Lyons** ist mehr als ein spielerisches Anagramm. Ob Fahrrad, Fußball, Kulinarisches oder Mode – Lyon hat in vielen Dingen ein eigenes Gesicht und eigene Stärken.

Insbesondere Lyons **Umweltfreundlichkeit und Lebensqualität gelten als vorbildlich.** Seit 1957 fahren hier Frankreichs erste elektrische Busse im Nahverkehr und die sozialistische Stadtregierung setzt stark auf nachhaltige Entwicklung. 2007 bekam die Stadt beim internationalen Wettbewerb „Liveable Communities" gleich zwei Preise: einen für die freizeitorientierte Neugestaltung und Begrünung des Rhône-Ufers und einen für Lebensqualität. Nun soll auch noch das Saône-Ufer beidseitig zu einer 18 km langen Flaniermeile umgewandelt werden. Vor dem Justizpalast ist ein Platz mit Blick auf den Fluss geplant. Die Parkplätze sollen einer Promenade weichen und unter den Quai verlegt werden.

DIE MAGIE DES LICHTS

Pionierhaft entschied sich Lyon als erste Stadt der Welt zu einem **systematischen Beleuchtungsplan,** der 1989 auf die Initiative des Lyoners Roland Jéol in Kraft gesetzt wurde.

062ly-Abb.: ps

Heute bringt die Stadt jede Nacht 328 Gebäude und Sehenswürdigkeiten durch Licht natürlich zur Geltung. Der „plan lumière" schafft mehr Schönheit, mehr Sicherheit, mehr Atmosphäre und 200 weitere französische Städte folgten bereits dem strahlenden Beispiel Lyons. Zürich und Gent engagierten den Initiator Roland Jéol.

Lyons technisches Know-how in Sachen energiesparendem Beleuchtungskonzept fand für die Eremitage in St. Petersburg Anwendung, für das Denkmal Riadh el Feth in Algier und z. B. die Petronas Türme in Kuala Lumpur. Dem in Lyon gegründeten Netz der Lichterstädte LUCI (Lightning Urban Community International) gehören heute 35 Städte an, u. a. Turin, Shanghai, Birmingham, Mailand, Hamburg und Budapest. In Lyon sind Installationen renommierter Lichtkünstler jedes Jahr im Dezember kostenlos beim **Lichterfest** (s. S. 13) zu bewundern.

ZAHLEN, DATEN, FAKTEN

Lyon hat ca. 466.400 Einwohner. Der gesamte Ballungsraum – Le Grand Lyon – kommt auf rund 1,4 Mio. Einwohner und ist nach der Île-de-France, dem Großraum Paris (ca. 11,5 Mio. Einwohner) der zweitgrößte Frankreichs. Um den zweiten Platz im Land rivalisiert Lyon seit Langem mit Marseille. Lyon ist auch eine **wichtige Universitätsstadt**. Im Jahr 1995 wurde der Pôle universitaire de Lyon gegründet, unter dessen Dach insgesamt 16 Universitäten und Grandes Écoles vereint sind. Die Gebäude der Universitäten – einige haben klingende Namen wie Université Lumière I und II, Claude Bernard und Jean Moulin – verteilen sich in der Stadt. Lange Tradition haben auch die Fakultäten der Katholischen Universität.

▲ *Lichtinstallation auf der Place des Jacobins [D4]*

VON DEN ANFÄNGEN BIS ZUR GEGENWART

Lyon war in der Römerzeit eine bedeutende Verwaltungsstadt Galliens. Die ersten Christen fanden zwar in den Amphitheatern der Römer den Märtyrertod, doch nach den Invasionen barbarischer Völker verhalfen katholische Bischöfe der Stadt zu neuer Bedeutung und es siedelten sich zahlreiche religiöse Orden an. Eine reiche internationale Handelsstadt war das Lyon der Seidenweber und Buchdrucker in der italienisch geprägten Renaissance. Lyon mauserte sich zur Metropole der Dichter, Forscher und Erfinder und versuchte sich seit der Französischen Revolution gegen Paris zu behaupten. Die Tradition der großen Bauprojekte, die mit Tony Garnier Anfang des 20. Jh. begann, wird heute mit dem spektakulären neuen Viertel Confluence fortgesetzt.

600 v. Chr.: Wo heute La Croix-Rousse liegt, gründeten die Kelten die Stadt Condate.

43 v. Chr. – 1. Jh. n. Chr: Gründung Lyons durch den Römer Munatius Plancus, einen Gefolgsmann Cäsars. Unter dem von Augustus beauftragten Agrippa hatte das Verwaltungszentrum Galliens – Lugdunum – um die 100.000 Einwohner. Im 1. Jh. n. Chr. war es Hauptstadt der Trois Gaules (Lyonnaise, Aquitaine und Belgien). Auf den Hängen von La Croix-Rousse trafen sich im Amphithéâtre des Trois Gaules einmal im Jahr die Repräsentanten der 60 gallischen Stämme.

177 n. Chr.: Ein Volksaufstand und die Verfolgung der ersten Christen in Lyon führten zur Hinrichtung von Pothinus, Lyons erstem Bischof, und der Märtyrerin Blandine. Sie sind heute Lyons Schutzpatrone.

2. Jh. n. Chr.: Lyon lag im Zentrum fünf großer römischer Kaiserstraßen und die Ufer von Saône und Rhône wurden besiedelt.

5. und 6. Jh.: Einwandernde Barbaren demontierten die Aquädukte auf dem Fourvière-Hügel. Die von der Wasserversorgung aus dem Massif central abgeschnittene Stadt verlagerte sich zunehmend an die Flussufer. 461 besetzten die Burgunder die Stadt. Der Franke Chlodwig I. ließ sich taufen, um eine Allianz zu erwirken. 534 eroberten die Franken Lyon. Ihre Bischöfe gründeten die ersten Abteien.

7.–14. Jh.: Nach der Teilung des Reichs Karls des Großen gehörte Lyon ab 1032 zum Heiligen Römischen Reich Deutscher Nation. 1079 wurde der Erzbischof von der römisch-katholischen Kirche durch Papst Gregor VII. zum Kardinal und Primas aller Gallier erhoben. Bis heute steht der Erzbischof von Lyon der katholischen Kirche in Frankreich vor. Die Abtei von Ainay wurde gegründet, zahlreiche religiöse Orden siedelten sich in Lyon an. Die ersten beiden Brücken, Pont du Change (Brücke der Geldwechsler) und Pont de la Guillotière wurden erbaut. 1165 begann der Bau der Kathedrale St-Jean. Hungersnöte und Pestepidemien beutelten die Stadt Ende des 13. Jh. Eine Rebellion der Bürger gegen die Kirche führte 1240 zur ersten Stadtverwaltung. Ab 1271 stand sie unter dem Schutz des Königs von Frankreich.

1320: Lyon wurde Teil des französischen Königreichs, durfte aber ein unabhängiges Konsulat gründen.

15.–16. Jh.: In der Renaissance nahm die Seidenindustrie ihren Aufschwung, eingeführt durch italienische Bürgerkriegsflüchtlinge. Ludwig XI. erließ den Seidenhändlern die Steuern. Franz I. und seine Schwester Königin Margarete von Navarra förderten das kulturelle, künstlerische und intellektuelle Leben und unterstützten die Einwanderung genuesischer Weber nach Lyon. Die ersten großen Handelsmessen brachten der Stadt zusätzlichen Reichtum. Florentinische Bankiers wie die Medicis verlagerten ihre Filialen von Genf nach Lyon. 1506 eröffnete in Lyon die erste französische Börse. Buchdrucker richteten ihre Werkstätten ein, 1548 waren es 400 in der ganzen Stadt. 1539 brachen die ersten Arbeiterrevolten aus, unterstützt von einem Druckerstreik. Das Almosenwesen zur Versorgung von Bettlern entstand, Religionskriege verbreiteten Unruhe. Hugenottenkönig Heinrich IV. feierte 1600 in der Kathedrale St-Jean seine Hochzeit mit Katharina von Medici.

17. Jh.: In Lyon wütete die Pest (1628–1638). 40.000 Menschen starben. In der Folge wurde die Kapelle von Fourvière zum Pilgerziel. Sonnenkönig Ludwig XIV. machte Lyon zur Provinzstadt und forderte immer höhere Steuerzahlungen. Im Rahmen der Industrialisierung der Seidenweberei gründete Colbert die „Große Seidenfabrik", was die handwerklichen Seidenweber und ihre Familien benachteiligte. Es entstanden das Rathaus als Sitz des Konsulats, die Place Bellecour und das Hôpital de la Charité.

18. Jh.: Die Architekten Jacques-Germain Soufflot, Perrache und Jean-Antoine Morand erweiterten die Stadt. Die Akademien der Wissenschaften und der schönen Künste erblühten im Zeitalter der Aufklärung. 1783 lief auf der Saône der Pyroscaphe vom Stapel, ein Vorläufer des Dampfschiffs. 1784 stieg in Les Brotteaux einer der ersten bemannten Heißluftballons der Brüder Mongolfière auf.

1789: Die Französische Revolution leitete in Lyon die Terrorherrschaft der Jakobiner ein. Auf der Place des Terreaux wurde die Guillotine aufgestellt. 1793 kam es hier zu einer Schlacht, bei der die gemäßigten Girondisten siegten. Aber drei Tage später stürzten die Jakobiner in Paris die Girondisten und so wurde Lyon zur Stadt der Rebellen gegen Paris.

12. Okt. 1793: Nach Monaten des Kampfes und der Zerstörung ließ der Nationalkonvent Lyon in Schutt und Asche legen. Auf der zerstörten Place Bellecour stand eine Säule mit der Aufschrift: „Lyon erklärte der Freiheit den Krieg. Lyon ist nicht mehr." Auch der Name Lyon wurde ausgelöscht und die Stadt in „Commune affranchie" („befreite Kommune") umbenannt. Bis 1794 war sie dem Terror der Jakobiner unter Robespierre ausgeliefert.

19. Jh.: Napoleon förderte die Seidenindustrie. Die Dampfkraft schuf neue Verkehrsverbindungen. 1804 wurde in den Werkstätten von La Croix-Rousse der Jacquard-Webstuhl eingeführt. Bis 1830 verdoppelte sich die Bevölkerung des Seidenweberviertels. 1831 wurde der erste große Seidenweberaufstand niedergeschlagen. Die Seidenweber lehnten sich bis zur Einführung des mechanischen Webstuhls 1870 gegen Ausbeutung und schlechte Bezahlung auf. Lyons Textilindustrie verlagerte sich aus der Stadt in die Monts Lyonnais, das benachbarte Bergland. 1872 blieb Lyon von der preußischen Invasion verschont und Pierre Bossan legte den Grundstein zur Basilika von Fourvière. 1894 erbaute Marius Berliet das erste Auto und 1899 eröffnete der künftige Autofabrikant in Monplaisir seine erste Firma.

20. Jh.: Von 1905–1957 regierte Bürgermeister Edouard Herriot Lyon, der 1932 französischer Regierungschef und 1947 Präsident der Nationalversammlung war. Viele seiner Bauprojekte realisierte Tony Garnier (s. S. 105). Ab 1910 hatte Lyon elektrisches Licht. Während des Ersten Weltkriegs fungierte Lyon erfolgreich als Schauplatz zahlreicher Handelsmessen. Im Zweiten Weltkrieg wurde Lyon zum Versteck der Widerstandskämpfer, die von hier aus das Vichy-Regime und die deutsche Besatzung bekämpften. 66 Attentate auf Nazis wurden in der Stadt verübt. 1943 wurde Jean Moulin, der von

DIE BRÜDER LUMIÈRE

O34ly Abb.: ps/cité de la création

Von den Brüdern Louis und Auguste Lumière hat fast jeder schon mal gehört, aber kaum jemand weiß, dass sie in Lyon das Kino erfanden. Ihre Fabrik (ab 1883) beschäftigte im 19. Jh. fast die gesamte Bevölkerung des Viertels Monplaisir. Vor den Fabriktoren drehte Louis Lumière auch den **ersten Film der Geschichte:** „Die Arbeiter verlassen die Lumière-Werke". Die Stelle, an der sie ihren Kinematografen platzierten, der 16 bis 18 Bildwechsel pro Sekunde ermöglichte, ist heute gekennzeichnet. Der Schuppen der Fabrik (Hangar du Premier Film) beherbergt heute den Kinosaal des Institut Lumière (s. S. 50).

1895 ließen die Brüder Lumière den Kinematografen patentieren und präsentierten der Öffentlichkeit ihre ersten Kurzfilme in Paris und Brüssel. Spätestens als Charles Pathé 1905 das Patent kaufte und das Kino kommerzialisierte, hatte sie die **Leidenschaft für das bewegte Bild** reich und berühmt gemacht. Das Herz von Louis brannte für die Physik und den Film, während der zwei Jahre ältere Auguste (geb. 1862) sich sehr für Biochemie und Medizin interessierte und in späteren Jahren sogar die radiologische Abteilung eines Krankenhauses leitete. „Edison erfand das Pay-TV und die Brüder Lumière das Kino für alle", rückt Bernard Tavernier, Filmregisseur und Präsident des Institut Lumière, die Leistung der Brüder ins rechte Licht. Die Brüder blieben bis ins hohe Alter agil, neugierig und voller Tatendrang. Louis starb 1948, Auguste 1954.

▲ *Kinogeschichte an der Hauswand, realisiert von der Cité de la Création im Quartier des États-Unis*

de Gaulle aus London beauftragte Kopf des Widerstands, in Lyon verhaftet. Im September 1944 sprengten die Nazis in Lyon 31 Brücken, einzig die Pont de la Guillotière hielt in Teilen stand. Klaus Barbie, dem Chef der Gestapo, konnte erst 1987 der Prozess gemacht werden (s. S. 53).

Anfang der 1970er-Jahre wurde das Geschäftsviertel Part-Dieu gebaut, 1975 der Flughafen in Sagolas eröffnet, 1977 die erste U-Bahn. 1981 fuhr der erste TGV nach Lyon, 1991 sorgte die erste automatische und fahrerlose Großprofil U-Bahn (Linie D, Maggaly) für internationale Aufmerksamkeit, 1993 wurde die Oper (s. S. 50) von Jean Nouvelle umgebaut. Der spanische Architekt Calatrava realisierte den TGV-Bahnhof am Flughafen St-Exupéry.

Nach Louis Pradel und Francisque Collomb war von 1989–1995 Michel Noir Bürgermeister, der lange als künftiger französischer Präsident gehandelt wurde und in Lyon frischen Wind wehen ließ. Nach einem Finanzskandal folgte ihm bis 2001 Raymond Barre, der auf internationale Wirtschaftsbeziehungen setzte.

Lugdunum und Foro vetere

Mit einem Löwen hat Lyons gallischer Name Lugdunum nichts zu tun. Zu seiner Herkunft gibt es mehrere Varianten. „Lug" (lat. *lux*, Licht) war der keltische Sonnengott, „dunum" bedeutet auf Lateinisch Festung. Aus dem Keltischen übersetzt, heißt Lugdunum jedoch **Hügel der Raben.** Einer Legende nach soll den Prinzen, die den Grundstein für die Stadt legten, ein Schwarm Raben erschienen sein. „Fourvière" wiederum heißt altes Forum – abgeleitet von dem lateinischen „forum vetus".

1998 wurden insgesamt 500 ha der Stadt von der UNESCO zum Weltkulturerbe erklärt und daraufhin aufwendig restauriert. Seit 2001 lenkt Gérard Collomb, Mitglied der Parti Socialiste, die Geschicke des Grand Lyon.

21. Jh.: Lyon setzt auf nachhaltige Entwicklung und große repräsentative Bauprojekte. Nach jahrelanger Bauzeit wurde 2006 die Cité Internationale von Renzo Piano fertig. Zur Ergänzung der Oberleitungsbusse wurde eine Tram gebaut. In der Stadt fahren Elektrobusse und umweltfreundliche Taxis (Cyclopolitain) und das Leihfahrradsystem Vélo'v macht seit 2005 Schule. Nach der Gestaltung des Rhône-Ufers für Fußgänger und Fahrradfahrer, sollen künftig auch die Parkplätze von den Ufern der Saône verschwinden.

2002 bis 2008 gewann Olympique Lyonnais als erste Mannschaft sieben nationale Meisterschaften in Folge und 2008 den französischen Fußballpokal, die Doubles (Meisterschaft und Coupe de France), durch einen 1:0-Sieg gegen Paris St.-Germain. Bilanz von 2008: 74 Tore. Der Verein will künftig das Gerland-Stadion verlassen und an der Peripherie ein neues Stadion bauen.

2010–2014: Das Geschäftsviertel La Part-Dieu wurde 2010 um die beiden Hochhäuser Oxygène (150 m, mit Einkaufszentrum Cours Oxygène) und Incity (180 m) erweitert. Am Zusammenfluss von Rhône und Sâone entsteht das gigantische neue Stadtviertel Confluence (s. S. 71). Ausbau der Promenade am Ufer der Sâone und Umbau des Hôtel Dieu **❷⓪**.

▶ *Alle zwei Jahre ein Highlight: das Defilee der Tanzbiennale (s. S. 11)*

LEBEN IN DER STADT

Baudelaire lästerte schon als Elfjähriger in einem Brief an seinen Bruder: „Ich habe dir nichts zu erzählen, höchstens dass ich die Lyoner jetzt verabscheue, dass sie unsauber sind, geizig und eigennützig." Alphonse de Lamartine, ebenfalls Dichter und Zeitzeuge aus dem 19. Jh., beobachtete ein „emsiges, aber lautloses Treiben in den Straßen, bekümmerte und sorgenvolle Gesichter der Bürger, die keineswegs mit unnützem Gerede ihre Zeit verlieren." Da war das Bild des Lyoner Bankiers und Politikers Edouard Aynard schon differenzierter. Er beschrieb die Lyoner als „sehr aufgeschlossen und rechtschaffen, heißen Herzens und kalten Äußerens, gelegentlich viel wagend und sich leicht mit unverständlicher Mittelmäßigkeit abfindend, ahnt der Lyoner voraus, träumt von großen Dingen, begibt sich auf den Weg, um sie zu erreichen, und hält an. Er ist ein Unvollendeter."

Begegnet man den Menschen in Lyon heute – 38 % sind Zuwanderer aus Frankreich und dem Ausland – kommt es einem fast so vor, als täten sie alles, um freundlicher, offener und hilfsbereiter zu sein als das Image, das ihnen vorauseilt. Die **bessere Lyoner Gesellschaft** ist reich, heiratet reich und schließt Fremde aus ihren elitären Kreisen aus, hieß es einst. Das Bürgertum galt als fleißig, strebsam und katholisch; die Arbeiter als blass und ausgebeutet. Man amüsierte sich nur hinter verschlossenen Türen.

Wahr ist heute nur noch eins: Lyon ist eine überdurchschnittlich reiche Stadt. Damit allerdings gehen selbst die ganz Reichen dezent und unauffällig um. Arroganz und Angeberei ist verpönt, **feines Understatement** angesagt. Wer aus Paris kommt, vermisst in Lyon den lautstarken Enthusiasmus. So äußert sich die gewisse vornehme Zurückhaltung z. B. darin,

dass im Theater oder in der Oper weder überschwänglich applaudiert, noch gerufen oder gar gestampft und getrampelt wird, wenn die Vorstellung gut war – und das ist oft der Fall. Touristen werden nicht weiter wahrgenommen, aber wenn sie etwas brauchen, helfen die Lyoner ihnen gern und unkompliziert weiter. Spricht jemand nicht akzentfrei französisch, wird anders als in Paris im höflichen Lyon keine Mine verzogen.

VIEL GENUSS, WENIG STRESS

Metro, dodo, boulot? Metro, Schlafen, Arbeiten? Da lächeln die Lyoner. Sie sind nicht nur Gourmets, sondern wissen, wie man es sich gut gehen lässt. Jeder Anlass taugt, um wieder mal mit Freunden essen zu gehen, vor dem Theater, nach dem Kino, vor dem Discobesuch, **je größer die Gruppe, desto besser.** Es gibt After-Work-Partys, jede Menge private Szene- und DJ-Partys, jeden Tag neue Vernissagen oder kulturelle Veranstaltungen. Wer arbeitet, trifft sich in der Mittagspause ausgiebig zum Essen, und das ist meist purer Genuss. Die Studenten gehen auch unter der Woche aus und bevölkern an Sommertagen schon am Nachmittag die Wiesen entlang der Rhône. Man wäre zwar lieber Hauptstadt, doch statt mit Stress und Eile wie in Paris, lässt man es gemütlich angehen und die Wege sind zum Glück auch nicht so weit.

Als reiche **Wohnviertel** gelten Les Brotteaux, Masséna, Bellecour, Ainay, während La Guillotière ein multikultureller Melting Pot ist. Ehemalige Arbeiterviertel wie Monplaisir und La Croix-Rousse sind zum Wohnen hochbeliebt und werden schleichend teurer. Vaise, La Duchère, Mermoz, Les États-Unis sind tendenziell eher triste Randgebiete mit

O21ly Abb.: ps

vielen Sozialwohnungen. Solche gibt es aber auch in bester Lage mitten in der denkmalgeschützten Altstadt.

Über mangelnden Freizeitwert kann sich in Lyon niemand beklagen. Die Bewohner profitieren zudem von der genialen **zentralen Lage ihrer Stadt,** noch im Norden, aber schon fast im Süden Frankreichs. Im Umkreis von einer Stunde Autofahrt liegen sehenswerte Dörfer, grüne Wälder und die Seenlandschaft der Dombes. Man kann mit Freunden wandern gehen, Schlösser besuchen und Weine im Beaujolais probieren. Im Winter geht es am Wochenende zum Skifahren und im Sommer ans Mittelmeer. Am Montag im Büro spricht man dann wieder über die Vorteile Lyons. Und dass die Leute auf der Straße im Durchschnitt besser gelaunt sind als in vielen anderen Städten vergleichbarer Größe, spüren auch die Touristen.

KÖNIG FUSSBALL

Sportlerherzen schlagen in Lyon für das Joggen, für Tennis und Rugby oder Basketball, aber erst der Fußball verbindet wie so oft verschiedene Altersgruppen, Schichten und Kulturen. **40.000 jubeln im Stadion Gerland,** wenn Olympique Lyonnais (www.olweb.fr) spielt. Die Fans singen, hier sehr wohl lautstark und enthusiastisch, die lokalpatriotische Hymne ihres Vereins: „Qui ne saute pas n'cst pas Lyonnals." („Wer nicht springt, ist kein Lyoner.") OL mit den

Farben Weiß, Blau, Rot ist an der Börse, hat einen eigenen Fernsehkanal und spielte sich in den 2000er-Jahren zum besten französischen Fußballverein hoch. Zur Genugtuung der Lyoner, die es endlich mal den Rivalen von Olympique de Marseille gezeigt haben. Das bürgerliche Lyon wird auch nicht mehr so oft als Vorort der 60 km entfernten Arbeiterstadt St-Etienne beschimpft, wo die Konkurrenz auch nicht schlecht kickt.

Und **die Spieler bleiben die Helden** aus dem wahren Leben ihrer Stadt, auch wenn sie längst zu anderen Vereinen wechselten. Eric Abidal bekam 2007 für seinen Wechsel zum FC Barcelona 15 Mio. Euro. Karim Benzema, Stürmer algerischer Abstammung und 2008 Fußballer des Jahres, wurde für 35 Mio. Euro von Real Madrid abgeworben. Und wieder ist Geld im Spiel – und Fleiß. Aber ob Reichtum nicht letztendlich doch großzügig und weltoffen macht, kann man ja beim Rotwein im Bistro um die Ecke ausdiskutieren.

LYON CONFLUENCE: ZEICHEN DER ZUKUNFT

Lyons Zukunftsmusik spielt in dem neu entstehenden Viertel Confluence am Zusammenfluss von Saône und Rhône. Auf dieser weitläufigen Halbinsel befanden sich bis 1994 das Industriegebiet um den Hafen und bis 2008 der Großmarkt. Derzeit ist sie eine gigantische Baustelle für eines der ehrgeizigsten und größten Städtebauprojekte Europas. Wahrzeichen des neuen Viertels, einer zentrumsnahen Stadterweiterung hinter dem Gare de Perrache, ist das Musée des Confluences (s. S. 55).

◄ *Bis spätabends draußen sitzen, wie hier im Vieux Lyon an der Eisdiele Nardone (s. S. 32)*

036ly Abb.: ch

Pünktlich zur Biennale für zeitgenössische Kunst eröffnete Sternekoch Nicolas Le Bec 2009 sein gastronomisches Großprojekt „Rue le Bec" (s. S. 43) in der Nähe der Sucrière (s. S. 59) am Saône-Ufer. Das Docks 40 (s. S. 48) belebt das Viertel Tag und Nacht mit Restaurant, Lounge-Bars, After-Work-Partys, Diskothek und Kulturprogramm. Hier haben die ersten Konturen des neuen Viertels bereits Gestalt angenommen: Lyons Tageszeitung „Le Progrès" (s. S. 111) und zwei lokale Radiosender zogen als Erste in das Medienhochhaus an einem **künstlich angelegten Flussarm** ein, der noch zu einer Marina mit Anlegeplätzen für Segeljachten ausgebaut wird. Repräsentative Bürohäuser und Wohnparks zwischen zwei Flüssen, Geschäfte und Freizeiteinrichtungen wie ein Multiplexkino und ein Theater oder eine multifunktionelle Eventhalle, eine Kletterwand und eine Bowlinghalle sollen künftig für Leben sorgen. Architekt des Kommerz- und Freizeitkomplexes ist Jean-Paul Viguier. Die Tramlinie T2 wird ausgebaut, Parkplätze werden geschaffen. 2014 eröffnet ein Viersternehotel der Kette Novotel mit 150 Zimmern. Man hofft auf das große Immobiliengeschäft, aber der Gedanke der **nachhaltigen Entwicklung** kommt auch nicht zu kurz: 23 % der Wohnfläche bestehen aus Sozialwohnungen. Hilfsgelder der EU gewährleisten moderne, energiesparende und umweltfreundliche Bauweisen, verseuchte Böden werden regeneriert. In der zweiten Bauphase sollen neben dem Musée des Confluences öffentliche Einrichtungen wie Landschaftsparks und ein Jugendzentrum entstehen. Alles sehr vielversprechend – die Lage könnte besser nicht sein. Viele Lyoner sind noch skeptisch, da finanzielle Engpässe die Bauarbeiten teilweise stoppten und noch ein paar Jahre lang Baulärm zu ertragen sein wird. Viele Straßen sind bisher noch alphabetisch benannt, da wird sich die Stadt irgendwann klingendere Namen überlegen müssen …

▲ *Tourismusmagnet der Zukunft im Modell: das Musée des Confluences (s. S. 55)*

LYON ENTDECKEN

LE VIEUX LYON: DIE ALTSTADT – RENAISSANCEFLAIR IM HERZEN LYONS

Frankreichs größtes zusammenhängendes Renaissanceviertel schimmert in dezenten Rosa- und Ockertönen. Runde Türme überragen die verkehrsberuhigten Gassen. Von Norden nach Süden ziehen sie sich durch die Viertel St-Paul, St-Jean und das etwas ruhigere St-Georges. Der französische Kasper – Guignol – ist im Vieux Lyon und seinen Bouchons zu Hause. Es macht Spaß, durch Innenhöfe und Hausgänge zu „traboulieren" (Exkurs s. S. 14) und von den Treppenstufen am Hang über die malerischen Dächer zu blicken.

❶ VIERTEL UND KIRCHE ST-PAUL ★★ [B3]

Lebhaftes Altstadtviertel mit einer der ältesten Kirchen Lyons.

Café-Théâtres und Kneipen säumen die Place St-Paul. 1653 führte Molière in der Nähe L'Étourdi (Der Tollpatsch) auf. Wenige Schritte dahinter an der Place Gerson liegt die **Kirche St-Paul.** Sie ist eine der drei ältesten Kirchen Lyons und hat noch romanische Merkmale, z. B. ihre achteckige Kuppel mit doppelstöckigen Arkaden aus dem 12. Jh. Portal und Turm sind aus dem 19. Jh. Buntglasfenster mit Darstellungen der Heiligen Pothinus und Irenäus erinnern an die Christenverfolgungen im 2. Jh. Überlieferungen zufolge versuchten sich einige der Märtyrer bei den Bewohnern von St-Paul zu verstecken. Von der Place St-Paul führt die Rue Juiverie nach St-Jean zum Musée Gadagne ❷.

Nachdem die Juden im 14. Jh. vertrieben wurden, errichteten reiche Florentiner ihre **Renaissancehäuser mit prächtigen Fassaden und Höfen.** Der Innenhof von Nr. 8 ist eines der schönsten Beispiele. Philibert Delorme gestaltete hier 1536 eine nach dem Vorbild der römischen Antike verzierte Galerie. Der Gang mit

EXTRATIPP

Traboules (s. S. 14)

Im Vieux Lyon

> rue St-Jean Nr. 54 bis rue du Bœuf Nr. 27: Diese besonders lange Traboule führt durch fünf Höfe.

> rue des Trois-Maries Nr. 17 und Nr. 19: Durchgänge ans Saône-Ufer zum Quai Romain Rolland Nr. 20 bzw. 21

> rue St-Jean Nr. 2 bis Quai Romain Rolland Nr. 10: Gang mit Spitzbogengewölbe und Hof

> rue Juiverie Nr. 8: Im zweiten Hof liegt die Renaissancegalerie von Philibert Delorme.

> rue du Bœuf Nr. 16: Den Giebel ziert eine Anbetung der hl. drei Könige von einem Renaissancekünstler aus Bologna. Ein Gang mit Spitzbogengewölbe führt zum Innenhof mit der Tour Rose, einem rosa Turm mit Wendeltreppe.

Auf der Presqu'île lohnt ein Blick in folgende Innenhöfe:

> rue Mercière Nr. 54 und 58

> rue Pizay Nr. 16

> rue de L'Arbre Sec Nr. 13

> Quai St-Antoine Nr. 27 sowie 29–30

► *Mehrere Treppen führen aus der Altstadt Richtung Fourvière-Hügel*

◄ *Vorseite: Die großflächige Mur des Canuts (s. S. 58) beeindruckt*

Die Montées – Treppen mit Aussicht

Aus der Altstadt gelangt man über verschiedene Treppen und steile Wege auf den **Fourvière-Hügel mit der Basilika.** Es lohnt auch, nur ein Stückchen hinaufzugehen, um den Blick zur Kathedrale und über die Dächer der Renaissancehäuser zu genießen. Von den runden Türmen hielten einst die Seidenhändler Ausschau, ob auf der Saône ein Schiff ankam und zu kontrollieren, was jenseits des eigenen Horizonts geschah. Fußgänger sollten einen Blick in die kuriose Wanzengasse riskieren, einen mittelalterlichen Abwasserkanal. Den Weg durch diese immer noch schmutzige Ruelle Punaise (zwischen Rue Juiverie und Montée St-Barthélemy) kann man sich allerdings ersparen. Die meisten Spaziergänge mit Aussicht zwischen der Altstadt und Fourvière führen durch den Höhenpark Jardin du Rosaire. Man mag etwas außer Atem geraten, aber manche Einheimische joggen über die Treppen und Stiegen. Für den Aufstieg in normalem Tempo braucht man ca. 40 Minuten, für den Abstieg ca. 20.

Ein wenig Orientierung:

> **Montée St-Barthélemy** [B4]: Diese Straße verläuft parallel zum Jardin du Rosaire am Fourvière-Hügel entlang bis zum Musée Gallo-Romain  ⓬.

> **Montée Nicolas-de-Lange und Montées des Carmes Déchaussés** [B3]: Vom Bahnhof St-Paul geht es über fast 800 Stufen bis zur Tour Métallique, der Nachbildung des Eiffelturms auf den Fourvière-Hügel (nicht durch den Park). Tipp: Besser hinunter- als hinaufgehen.

> **Montée du Garillan** [B3/4]: Von diesen steilen im Zickzack verlaufenden Treppen in der Nähe des Musée Gadagne ❷ blickt man bis zu den Türmen von St-Nizier. Bis auf den Fourvière-Hügel geht es weiter durch den Jardin du Rosaire ❾.

> **Montée du Change** [B3]: Diese Treppen oberhalb der Loge du Change bieten eine schöne Aussicht.

> **Montée des Chazeaux** [B4]: Die 228 Stufen beginnen an der Rue du Bœuf und führen auf die Straße Montée St-Barthélemy. Linker Hand geht es durch den Park (Jardin du Rosaire) bis zur Basilika von Fourvière hinauf.

> **Montée des Epies** [B5]: Diese Treppen oberhalb der Kirche St-Georges führen in die Nähe des Musée Gallo-Romain ⓬.

038ly Abb.: ps

offenen Arkaden verbindet zwei Gebäude, in denen ein Turm mit Wendeltreppe jeweils zu den Wohnungen führt. Derselbe Architekt schuf z. B. auch die Brücke von Schloss Chenonceau über die Loire.

> 5 rue St-Paul, Metro Vieux Lyon oder Trolleybus C 3 Gare St-Paul

❷ MUSÉE GADAGNE: MUSEUM FÜR STADTGESCHICHTE UND INTERNATIONALES MARIONETTENMUSEUM ★ ★ ★ [B4]

Etwas über zehn Jahre dauerte die Renovierung des Musée Gadagne. Stadt, Staat und Museum teilten sich die Kosten von 30 Mio. €. Heute steht mit 6000 m² die doppelte Grundfläche zur Verfügung – 31 Säle für das Museum für Stadtgeschichte, neun Säle für das Marionettenmuseum.

Nicht nur weil Guignol, der Kasper, in Lyon ein Teil der Stadtgeschichte ist, kommen Kinder und Erwachsene im Musée Gadagne auf ihre Kosten. Im Auditorium geben zeitgenössische Puppenspieler Gastspiele und für Kinder wird das ganze Jahr über viel Animationsprogramm geboten. Es gibt Ateliers, ein Dokumentationszentrum und einen großen Hanggarten mit Café, den man vom 5. Stock aus betritt. Klingt gigantisch, ist aber ein **hübsch verwinkeltes, typisches Renaissanceensemble in der Altstadt.** Es wuchs seit dem 16. Jh. aus drei Gebäuden um zwei Innenhöfe zusammen und wurde mehrfach verändert. Große Maßwerkfenster,

> *Theaterdirektorin Stéphanie Lefort mit Guignol hinter den Kulissen*

IN LYON GEBOREN:

*„Guignol est un gone de Lyon", so Stéphanie Lefort, Direktorin des Thé tre de Guignol (s. S. 51) in der R Louis Carrand, wo die Compagnie Zonzons das Erbe des französisch Kaspers lebendig hält. „Gone" heißt Lyon Kind und der Guignol, der he die französischen Kinder unterhä wurde in Lyon geboren. Die Hand Theaterdirektorin schlüpft unter d braunen Mantel mit Goldknöpfen u roter Fliege. Ein, zwei leichte Be gungen und die **stupsnasige Ha puppe mit dem runden Gesicht u dem schwarzen Lederhut** erwa zum Leben. „Er trägt die traditione Kleidung der Seidenweber", erkl die Theaterdirektorin. „Für unse anderen Figuren, die in unseren S cken alle Gesellschaftsschichten v treten, erfinden wir manchmal ne Kostüme, aber Guignol, sozusagen Prototyp aus Lyon, bleibt selbst da traditionell gekleidet, wenn er in p tischen Satirestücken für Erwachse subversive Sprüche klopft."*

Sein Schöpfer, Laurent Mourg der ihm seine eigenen Gesichtszüge v lieh, wurde 1769 geboren, im selb Jahr wie Napoleon Bonaparte. Der S denweber aus Lyon verlor während Wirtschaftkrise in der Französisch Revolution wie so viele andere seine beit. Er versuchte sich als Verkäufer Messen und Jahrmärkten und verdie te die Brötchen für seine Frau und bald zehn Kinder als Zahnzieher auf fentlichen Plätzen. Wie es damals i lich war, lenkte er seine Patienten Possen von Polichinelle, Arlequin u anderen italienischen „Pupazzi" v ihren Schmerzen ab. Bis ihm die Id kam, Polichinelle durch den Seiden ber Guignol zu ersetzen.

JIGNOL, DER FRANZÖSISCHE KASPER

Seine ersten offiziellen Vorstellungen b Mourget 1808 in einem Café der maligen Rue Noire, heute Rue Stel- Ab 1836 trat Guignol, „made in on", bereits im ältesten Pariser Pup- ntheater in den Champs-Élysées auf d gab auf den immer zahlreicheren hnen der Hauptstadt seinem Wider- cher, dem Gendarmen Flageolet der- Widerworte. Heute widmet sich die oner Compagnie des Zonzons dem ftrag, die Welt von Guignol bei der ngen Generation und im Ausland be- nnt zu machen. „Wir schreiben un- re Stücke selbst", so Direktorin Sté- anie Lefort. „Da führt Guignol z. B. e Ermittlungen gegen den Dieb ei- r wertvollen Zeichnung, einer Vorla- für die Gestaltung der Seidenkleider s Königs und lässt sie in ganz Lyon chen." Selbst in China hat die Trup- schon Gastspiele gegeben und gleich- itig ein Stück Lyoner Geschichte ex- rtiert.

Laurent Mourget, der von 1795 bis '32 an der Place St-Paul wohnte, ging s Erfinder von Guignol und Gnafron in die Geschichte ein. Als die Freund- schaft mit seinem Kompagnon, dem Geigen- und Puppenspieler Lambert Grégoire Ladré, alias Père Thomas, in die Brüche ging, erfand Mourguet kur- zerhand die Figur des Gnafron als Er- satz. Dessen rote Nase erinnert daran, dass sein Freund zu oft zu tief ins Beau- jolais-Glas schaute. Ansonsten trägt Gnafron ungehobelte Züge sowie den großen Hut und die Lederschürze eines Schusters und hat eine denkbar lose Zunge. Die bekanntere Figur des Guig- nol erfand Mourget nach seinem eige- nen Ebenbild erst viel später. Sie ging aus dem Père Coquard hervor, einem redlichen und gläubigen Lyoner Seiden- weber, der an der Seite seiner Frau zum Publikumsliebling wurde, bevor Mour- get ihn zu seinem Sprachrohr und zum stolzen Botschafter Lyons mach- te. Doch dabei beließ Mourget es noch nicht: Erst mit Madelon, der ehrbaren Ehefrau Guignols, die sich oft über die Männer beklagt, war seine Trilogie der ersten Stunde des Kasperletheaters „à la française" komplett.

Galeriereihen, ein Turm, Steinmetzarbeiten, z. B. an der Wendeltreppe, zeugen von der Pracht des einstigen Stadtpalasts reicher Bankiers, in dem im 19. Jh. zeitweilig bis zu 60 Familien lebten.

Im Westflügel fand man bei den Restaurierungsarbeiten ein **Fußbodenheizsystem aus der Römerzeit** (Ende 2. Jh.). Weitere Funde aus Mittelalter und Renaissance gehören nun zur Museumssammlung. Historische Kulisse genug für ein **Museum für Stadtgeschichte** mit zeitgenössischem Konzept. Es besitzt rund 80.000 Exponate. Über 30 Restaurateure arbeiteten im vergangenen Jahrzehnt daran, sie zu konservieren und zu restaurieren. Die neue Dauerausstellung präsentiert 1400 Objekte. Darunter sind z. B. die drei Schlüssel der Stadt Lyon, dekoriert mit Rhône und Saône, dem Löwen und dem Code Civile. Sie wurden 1805 symbolisch Napoleon übergeben. Dokumentiert wird auch die städtebauliche und wirtschaftliche Entwicklung, z. B. die Seidenindustrie vom handbetriebenen Webstuhl bis zum Siebdruck. Man kann sich Hüte aus der Zeit der Französischen Revolution ansehen, eine Guillotine sowie die Betten von Napoleon und Josephine. Wer Sinn für Details hat, achte auf die im Kampf gegen Falschgeld auf Seide gestickten Fünffrancscheine. Es gibt einen Kinematografen der Brüder Lumière sowie Bilder aus einem Katalog der Autohersteller Rocher-Schneider und Berliet. Aus einem auf Papier gemalten Panorama grüßt die erste französische Dampflok, die 1880 zwischen Lyon und St-Etienne fuhr. Technischen Fortschritt illustrieren auch gezeichnete Plakate, wie z. B. zur Eröffnung der Gratte-Ciel (Wolkenkratzer in Villeurbanne).

Das **Marionettenmuseum** begann mit einigen Lyoner Kasperlepuppen rund um den frechen und durchaus politisch engagierten Guignol aus dem 19. Jh. (Exkurs s. S. 76). 1955 bekam es eine umfangreiche Schenkung des Juristen und Sammlers Léopold Dor. In neun Ausstellungsräumen zeigt das Museum neben Liebhaberobjekten in Glasvitrinen faszinierende Kurzfilme zur Kulturgeschichte der Puppen in den fünf Kontinenten – von der Muppet Show bis zu Figuren aus Togo, von der russischen Petruschka über den türkischen Karagöz und den englischen Punch bis zur Pulcinella aus Neapel und dem Harlekin aus Bergamo. Man wird in das berühmte Kabarett Chat Noir am Pariser Montmartre entführt, das zwischen 1886 und 1897 stummes, aber ausdrucksvolles Schattentheater aufführte. Zum traditionellen Puppenspiel aus dem japanischen Osaka sind Harfenklänge zu hören, während asiatische Marionetten eher die hinduistischen Epen zu neuem Leben erwecken. Das Museum zeigt auch fantastische originale Kulissen und Bühnendekors, z. B. der italienischen Comedia dell' Arte.

❯ 1 place du petit Collège, Metro Vieux Lyon, www.gadagne.musees.lyon.fr, Tel. 04 78420361, Mi–So 11–18.30 Uhr, Eintritt 6/4 €, beide Museen 8/6 €. Audioguide auf Englisch gratis, Download auf MP3-Player möglich.

❸ PLACE DU CHANGE ★★ [C3]

Auf diesem zentralen Platz vor der ersten Börse Lyons sitzt man im Sommer wie in einem Theater.

Nach den Tuchhändlern hielten sich ab dem Mittelalter auf diesem Platz mitten in St-Jean die Geldwechsler auf. Heute ist er im Sommer eine Bühne für

Aktionskünstler. Straßentheaterleute, Streetdancer oder Clowns unterhalten die Flaneure, die sich in Scharen auf den Stufen der **Loge du Change** niederlassen. Lyons erste Wechselstube bei den jährlichen Messen wurde im 18. Jh. von Soufflot erweitert. Ein Bild des Architekten ist am Nachbarhaus auf die Wand gemalt. Seit 1803 dient das innen sehr schlichte Gebäude als protestantische Kirche. Die Fassade des Hauses der Tuchhändlerfamilie Thomassin (Nr. 2) gegenüber zeugt von bürgerlichem Reichtum.

Bis zum Saône-Quai hinunter reihen sich Tische und Stühle und an die Theatertradition der Altstadt erinnert die Wandmalerei **Cours des Loge** an der Place Ennemont Fousseret. Eine der vielen für Lyon typischen Marienfiguren ziert auch das spätgotische Haus der Mayet von 1516 mit aufwendig verzierten Fenstern in der Rue Lainerie. Parallel oberhalb verläuft die Rue du Bœuf, die ihren Namen der Steinskulptur eines Ochsen über einem Hauseingang verdankt. Hier steht auch das ehemalige Haus des Steuereintreibers mit seinem rosa Turm, heute ein Hotel, das auch die vom früheren Ballhaus (Jeux de Paume) übrig gebliebenen Mauern birgt.

› Metro Vieux Lyon

❹ PLACE ST-JEAN UND ARCHÄOLOGISCHER GARTEN ★★★ [B4]

Der weitläufige Platz vor Lyons Kathedrale ist ein beliebter Ausgangspunkt für Streifzüge durch die Altstadt. Im Sommer kann man hier auf Stufen oder Terrassenstühlen die Zeit verträumen. Blickfang ist die Kathedrale mit ihren drei Portalen, vier Türmen und der großen Fensterrose, die einen Durchmesser von ca. 8 m hat.

Der Brunnen mit dem Pavillon auf der Platzmitte stammt aus dem 19. Jh. und stellt die Taufe Christi durch Johannes den Täufer dar. Lyons Jugend hält sich gern zwischen den Überresten zweier Kirchen und einem Taufbecken aus dem frühen Mittelalter im archäologischen Garten nebenan auf. An der Kathedralenrückseite im hinteren Teil des Gartens versuchen manchmal Teilnehmer architektonischer Führungen mithilfe von Ferngläsern, den obszön

▲ *Vor den Toren der Kathedrale* ❺ *im Herzen der Altstadt*

Traumblick
und exklusive Küche

Das Hotelrestaurant der Villa Florentine hat einen Stern, den es sich teuer bezahlen lässt, aber der Ausblick von der Terrasse über die Dächer und Türme der Altstadt bleibt unvergesslich. Der talentierte junge Koch Davy Tissot macht hier aus jedem Gericht ein Ereignis.

🏠185 [B4] **Les Terrasses de Lyon** €€€,
25 montée St-Barthélémy,
Tel. 04 72565602

auf dem Kathedralendach hockenden **Teufel aus gehauenem Stein** genauer zu betrachten. In der Nachbarschaft ragen die imposanten korinthischen Säulen des Justizpalasts hervor, der im 19. Jh. wie ein antiker Tempel errichtet wurde. Als man um 1960 versuchte, ihn zu erweitern, wurde durch Zufall der archäologische Garten entdeckt.

❯ Metro Vieux Lyon

⑤ KATHEDRALE ST-JEAN ★ ★ ★ [B4]

In der Kirche des Erzbischofs von Lyon verkündet ein Glockenspiel mit Hahnenschrei die Uhrzeit. Die Kirche des Erzbischofs von Lyon, Primas von Gallien, spielte in der französischen Geschichte eine wichtige Rolle. 1245 versammelte Papst Innozenz hier die Bischöfe zum ersten ökumenischen Konzil von Lyon, Papst Johannes XXII. wurde in St-Jean gewählt, Katharina von Medici und Heinrich IV. heirateten hier, Napoleon besuchte mehrmals die Messe.

Ab 1180 entstand Lyons Kathedrale St-Jean. Die insgesamt 350 gotischen Reliefs an den Portalen, darunter ausdrucksvolle Tier- und Dämonenfiguren, erinnern an das gottesfürchtige Weltbild ihrer Bauherren. In steinernen Bilderbögen sind biblische Szenen um Johannes den Täufer, die Schöpfungsgeschichte und die Apokalypse dargestellt, aber auch der Arbeitsalltag der Bauern und die Tierkreiszeichen. Die Baumeister sollen an der Fassade und auch im **Ehrfurcht einflößenden Kircheninneren** etliche verschlüsselte Symbole angebracht haben, die den Geheimbündlern und Freimaurern der damaligen Zeit etwas sagten.

Die besten Zeiten für eine Kirchenbesichtigung mit zusätzlicher Attraktion sind um 12, 14, 15 und 16 Uhr. Dann spielt im hinteren Teil links des Altars die **astronomische Uhr.** Sie steht seit 1383 in der Kathedrale und zählt zu Frankreichs ältesten Spieluhren, allerdings stammt das Glockenspiel aus dem 16./17. Jh. Unter ihrer Kuppel mit Hahn in 9 m Höhe erinnern zwei kleine Statuen an Lyons erste Bischöfe Pothinus und Irenäus. Besonders Kinder haben ihre Freude, wenn der Hahnenschrei ertönt und das Orchester der Engel die Hymne für den hl. Johannes spielt: In Sekundenschnelle wendet sich Maria an den Erzengel Gabriel, der Heilige Geist steigt als Taube hinab, der Heilige Vater segnet dreimal sein Volk und der Hahn gibt die aktuelle Stunde an.

Durch die **großen, restaurierten Buntglasfenster** dringt viel Licht in das Kircheninnere, das romanische bis spätgotische Elemente prägen. Die beiden Türme der Hauptfassade ruhen auf den Kalksteinblöcken des Trajanforums aus der römischen Stadt Lugdunum. Hohe Säulen tragen das Gewölbe des Langhauses. Rechts neben dem Haupteingang kann man in der Bourbonenkapelle

KLEINE PAUSE

Pizza vom Bäcker

🔒**186** [C4] **Boulangerie du Palais,** 8 rue du Palais de Justice, Di/Mi geschl. Unweit der Kathedrale hinter dem Justizpalast stehen die Leute vor der Bäckerei oft schon draußen Schlange. Die Pizzen und traditionellen Brote frisch aus dem Holzofen sind köstlich und die für Lyon typischen *tartes à la praline* zugleich ein Augenschmaus. An der Straße stehen ein paar Tische zum Sofortverzehr.

filigrane Bildhauerarbeiten aus Stein bewundern, die Kardinal Charles de Bourbon 1486 als letzte Ruhestätte in Auftrag gab. Den ältesten Teil der Kathedrale bilden Chor und Apsis. Während der Messen kann man die Kathedrale nicht besichtigen. Manchmal werden Orgelkonzerte gegeben.

› Place St-Jean, www.cathedrale-lyon.cef.fr, Metro Vieux Lyon, Mo–Fr 8.15–12.15 und 13.45–19.30, Sa/So bis 19 Uhr. Führungen durch die Kathedrale bietet das Office du Tourisme an der Place Bellecour.

❻ DOMSINGSCHULE MIT SCHATZ DER KATHEDRALE ★ [B4]

Lyons ältestes romanisches Bauwerk. An der Place St-Jean schließt sich südlich an die Kathedrale Lyons ältestes romanisches Bauwerk an, die ehemalige Domsingschule *(ma-nécanterie)*. Neben der Kathedrale stand im Mittelalter der Bischofspalast mit einem Kreuzgang, Gebäuden für die Domherren und der Domsingschule. Von einem älteren Gebäude ist noch ein karolingischer Bogen übrig. Heute ist hier über einer Kapelle der **Domschatz** untergebracht bzw.

was von ihm übrig blieb, denn nach den Plünderungen und Einschmelzungen für die Staatskasse schrumpfte er im Laufe der Geschichte. Die liturgischen Gegenstände in den Vitrinen sowie die Gewänder, Tapisserien, Prozessionsobjekte und Goldschmiedearbeiten stammen größtenteils aus Schenkungen des Kardinals Fesch, eines Onkels Napoleons, der im 19. Jh. in Lyon Erzbischof wurde, sowie von einem seiner Nachfolger, Kardinal Bonald. Älter sind die Exponate der Vitrinen 1 bis 3, darunter eine Elfenbeinschatulle, Weihrauchschiffchen und ein Weihrauchfass in Form einer gotischen Kapelle.

› Manécanterie zugänglich aus der Kathedrale, von der rechten Seite neben dem Haupteingang, Di–Sa 9.30–12 und 14–18, Mi ab 11 Uhr, jeden zweiten So nachmittags

▲ *Marienfiguren schmücken viele historische Häuser*

❼ PLACE DE LA TRINITÉ IN ST-GEORGES ★   [B5]

Ein verträumter Platz voller Geschichte im Viertel St-Georges.

In dem alten Viertel St-Georges südlich der Kathedrale arbeiteten die ersten Seidenweber Lyons, bevor sich die Produktion nach La Croix-Rousse verlagerte. Heute säumen Kunsthandwerkerateliers und Kunstgalerien die Gassen mit mittelalterlichem Flair.

Herz des Viertels ist die kleine Place de la Trinité mit dem Bouchon Café du Soleil, seit eh und je eine der beliebtesten Kasperletheaterkulissen in Lyon. Die Fassade zieren an der rechten Ecke eine Skulptur des hl. Petrus, links eine Marienfigur. Das Haus gehörte wohl einmal einem Baron du Soleil, daher das steinerne Sonnenemblem.

Der Name des Platzes (übersetzt Dreifaltigkeit) erinnert an ein Kloster, das zuvor hier stand.

Den Berg hinauf führt die Montée du Gourguillon, ein Römerpfad aus dem 1. Jh. Bei Grabungen fand man im Jahr 1670 ein **antikes Mosaik**, das heute im Musée Gallo-Romaine ⓬ zu sehen ist und einen Kampf zwischen Amor und Pan darstellt. Der Name geht auf das Wort *gargouille* (plätscherndes Wasser) zurück und bei der Märtyrerverfolgung im 2. Jh. soll auf diesem Weg auch Blut den Hügel hinabgeflossen sein.

Stoff für Legenden und eine bis heute währende Schatzsuche lieferte auch der Besuch des Papstes Clemens V., der im Jahr 1305 in Lyon gewählt wurde. Als er die Montée hinabritt, fiel er von seinem Maultier und verlor einen bis dato unauffindbaren Smaragd.

❯ Metro Vieux Lyon

EXTRATIPP

Der Tante-Emma-Laden von St-Georges

Die Registrierkasse funktioniert, das Telefon auch, in den Holzregalen stehen **Produkte aus den 1950er-/60er-Jahren in Originalverpackungen.** In einem waschechten Tante-Emma-Laden, der mehr nostalgischen Charme hat als jedes Museum, kann man sich ab 3,50 € an Suppe, herzhaften Salaten, Wurst, Schinken und Käse vom Bauernhof, Quiches und Waffeln laben – und an Erinnerungen. Sogar der Sound ist aus den 1960ern. Der Besitzer Gerard Murat, ein Immobilienhändler, hat sich über 30 Jahre auf Trödelmärkten getummelt und jedes einzelne Stück vom Waschmittel bis zum Deckel des Camembert Petit **liebevoll restauriert.** Er plaudert gern mit den Gästen, wenn nicht zu viel los ist. Man kann aber auch in Ruhe seine Zeitung lesen, wenn man erst einmal alles hier eingehend betrachtet hat. Manche kaufen auch nur ein paar Bonbons für ihre Kinder. Und auf dem Fensterbrett des Bistros direkt gegenüber der Kirche St-Georges ❽ dreht ein Schweinchen aus dem Musée des Automates (s. S. 54) am Fleischwolf.

🔖**187** [B5] **La limonade de Marinette**, 46 rue St-Georges, Metro Vieux Lyon, Di–Sa 10–18, Fr/Sa bis 24 Uhr

▶ *Blickfang: die Basilika Notre Dame ⓫ auf dem Fourvière-Hügel*

❽ KIRCHE ST-GEORGES ⭐ [B5]

Eine neogotische Kirche mit Elefanten am Turm.

Die heutige Kirche entstand erst 1848. Das Tympanon am Eingang zeigt den **hl. Georg als Drachentöter,** dem schon die von Rittern des Malteserordens errichteten Vorläuferbauten geweiht gewesen sein sollen, damit er dem Unwesen der Geheimbündler in diesem Viertel ein Ende bereite. An ihrem Turm, der 1860 hinzukam, sind in symmetrischer Anordnung kurioserweise Schweine und – vielleicht als orientalischer Modeschmuck – Elefanten zu sehen. Man sieht sie gut von der nachts hübsch beleuchteten, roten Passerelle de la Saône (Brücke). In Lyon wird das neogotische Bauwerk gern als „kleine Sünde" des Architekten Pierre Bossan bezeichnet, der seine „größte Sünde" mit der Basilika von Fourvière beging ... Die von innen recht unspektakuläre Kirche ist nur samstags zur Messe geöffnet.

❯ 5 rue St-Georges, Metro Vieux Lyon

DER HÜGEL VON FOURVIÈRE – RÖMERSPUREN, MARIENKULT UND KURIOSITÄTEN

Symbol des „Hügels, der betet" ist die Basilika von Fourvière. Ihre Aussichtsplattform bietet das schönste Panorama der Stadt. Das gallorömische Theater ist jeden Sommer Open-Air-Bühne der spektakulären Kulturveranstaltungen im Rahmen der Nuits de Fourvière. Ein Höhenpark mit römischem Viadukt und ein dem Eiffelturm nachgebildeter Fernsehmast zählen zu Fourvières Kuriositäten.

007/y Abb.: ps

❾ JARDIN DU ROSAIRE ★ [B4]

Der Rosenkranzgarten der Basilika.

Nimmt man nicht die *ficelle,* wie die Seilbahn *(funiculaire)* in Lyon genannt wird, führt ein schöner Fußweg zum Musée Gallo-Romain ⓬ oder bis ganz hinauf zur Basilika von Fourvière durch diesen hübschen, terrassenförmig am Hang angelegten Rosengarten. Mitte Mai bis Mitte Juni blühen hier alte Rosensorten, im Sommer sorgen Hortensien für Farbtupfer. Und immer wieder eröffnen sich durch die Bäume Ausblicke auf die Stadt und die Saône. Zum Picknicken und Joggen ist diese **grüne Oase mit Parkbänken** ideal, aber sie ist auch der Rosenkranzgarten der Basilika. Der Aufstieg ist steil und nummerierte Messingrosen auf dem Serpentinenweg dienen Wallfahrern als Hilfe für ihr Rosenkranzgebet. Die Katholikin Pauline Jaricot (1799–1862), deren Haus man unterhalb des Rosengartens an der Montée de St-Barthélemy besichtigen kann, gründete in Lyon die Volksbewegung des „lebendigen Rosenkranzes". Und zu Lyons Lichterfest im Dezember (s. S. 13) pilgert eine andächtige Lichterprozession durch den Garten zur Basilika.

❯ Metro Fourvière

❿ PARC DES HAUTEURS ★ [A4]

Ein Höhenpark mit Kuriositäten.

Der Panoramaweg durch den Höhenpark beginnt hinter dem 80 m hohen Tour Métallique (Metallturm). Der **kleine Eiffelturm** wurde 1894 als ganz

DER CIMETIÈRE DE LOYASSE

Auf einem Hochplateau fern der städtischen Hektik ruhen Lyons einstige Vertreter der besseren Gesellschaft: Bürgermeister Edouard Herriot, der Architekt Pierre Bossan und viele berühmte Ärzte.

*Der Friedhof entstand 1807 und ist der älteste der Stadt. Lyoner kommen gern zum Flanieren zwischen den **ägyptischen Pyramiden, Tempeln mit römischen oder griechischen Säulen und Skulpturen** hierher, eine Mode des 19. Jahrhunderts. Als einziger Ausländer liegt hier ein englischer Militär, der in Lyon krank wurde und verstarb. Aus Gründen der Pietät schuf eine Trennmauer für die Gräber der Militärs einen eigenen Bereich. Es gab auch ein „Carré des Prêtres", das ausschließlich für Priester reserviert war.*

*An Feiertagen legen die Menschen noch immer Blumen am Grab des vor über 100 Jahren verstorbenen Heilers Maître Philippe nieder. Ruder an einem Denkmal erinnern an einen tragischen Unfall auf der Rhône, eine Palette kennzeichnet das Grab des Blumenmalers Antoine Berjon. Georges Hofherr, der Besitzer der Brasserie Georges, der Bankier Morins-Pons, Nicolas Sicard, der Direktor der Hochschule für schöne Künste und viele andere ließen sich **prunkvolle Familiengruften** errichten. Ein Obelisk überragt sie alle. Darunter ruht die Familie von Pleney, der zu Lebzeiten ein Wohltäter minderjähriger Waisen mit kleineren Geschwistern oder eigenen Kindern war. Am Friedhofseingang bekommt man einen Plan zur Orientierung, das Office du Tourisme (s. S. 110) bietet Führungen an.*

und gar nicht kirchlicher Blickfang etwas unterhalb der Basilika als Symbol des technischen Fortschritts errichtet. „Triumph der Kirchengegner?", mag man sich fragen. Oder wollten die Lyoner auch die neuen Zeichen der Zeit unter Gottes Segen wissen? Sein Erbauer war ein Privatier, zu dessen Restaurant in der Turmspitze man mit einem Fahrstuhl gelangte. Seit 1963 dient der Turm als Fernsehmast und ist nicht mehr zugänglich.

Der aussichtsreiche Weg führt hinter dem Turm zu einer weiteren Kuriosität, der Passerelle des Quatre-Vents (Steg der vier Winde) zur kürzesten Straßenbahnlinie. Vor der Erfindung des Automobils transportierte hier im 19. Jh. Frankreichs kürzeste Straßenbahnlinie die Särge der Verstorbenen

▲ *Bequemer als zu Fuß: Mit dem Funiculaire (s. S. 124) nach Fourvière*

über einen 80 m langen früheren römischen Viadukt von der Seilbahnstation wenige 100 m weit zum Friedhof Cimetière de Loyasse und fuhr auf demselben Gleis wieder zurück. Heute genießen Flaneure von hier aus den **Blick auf La Croix-Rousse und Lyon.** Im Winter überqueren manchmal Kinder mit Skiern oder Schlitten den verschneiten Viadukt, auf dem Weg zur Piste de Sarra, einer Wiese in Hanglage.

> ❯ Funiculaire bis Fourvière

⓫ BASILIKA NOTRE-DAME DE FOURVIÈRE ★★ [A4]

Das Wahrzeichen des Lyoner Marienkults und bester Aussichtspunkt der Stadt.

An einen auf dem Rücken liegenden Elefanten erinnerte die Basilika von Fourvière den französische Schriftsteller J.-K. Huysmans im 19. Jh. Man sieht den **hellgrau** schimmernden, extravaganten **Kalksteinbau mit den vier achteckigen Türmen** fast von allen Punkten der Stadt sowie auf Postkarten und kann sich vor Ort seine eigene Meinung bilden. So sehr Architekt Pierre Bossan durch seine pompöse Mischung aus mittelalterlichen und byzantinischen Stilelementen auch für Kontroversen sorgte, eines ist unbestritten: Keine Kirche steht mehr für die Frömmigkeit und die Marienverehrung der Bürger Lyons.

Schon im 12. Jh. stand auf dem Hügel die erste Kapelle zur Verehrung der Gottesmutter. Am 8. September 1643 wurde die Jungfrau Maria zu Lyons Schutzpatronin. Sie hatte die Gebete der Lyoner erhört und endlich die Geißel der Pest von ihnen genommen. Seither fand an diesem Tag jedes Jahr eine Wallfahrt statt. 1852 sollte an diesem Datum auch endlich das Gelübde eingelöst werden, der Jungfrau ein Denkmal zu setzen. Auf den restaurierten Turm der Wallfahrtskapelle von 1643 wollte man eine 5,60 m hohe, vergoldete Bronzestatue setzen. Kein Geringerer als Victor Fabisch, der Bildhauer der Muttergottes in der Grotte von Lourdes, hatte sie geschaffen. Doch Überschwemmungen seines Ateliers an der Saône erforderten die Verschiebung des Vorhabens. Auch am 8. Dezember, dem neuen Termin, gewitterte es heftig, als die Statue endlich geweiht wurde. Die Festlichkeiten am Abend wurden abgesagt. Doch in der Dämmerung klarte es auf und es erschien ein Regenbogen. Die Menschen verstanden dies als göttliches Zeichen und stellten ihre Kerzen auf die Fenstersimse. Seither feiert Lyon jedes Jahr am 8. Dezember sein **Lichterfest** (s. S. 13). Noch immer sind zahlreiche Kerzen in Gläsern *(lumignons)* in den Fenstern der Wohnhäuser zu sehen und Gläubige pilgern bei Einbruch der Dämmerung mit Laternen zur Basilika von Fourvière.

Auch sie wurde nach einem Gelübde im 19. Jh. errichtet. Erzbischof Monseigneur Ginoulhiac gelobte 1872 den Bau einer prachtvollen Kirche, wenn Maria die preußischen Armeen daran hindere, bis Lyon vorzudringen. Auch dieses Wunder geschah und Lyons Katholiken spendeten eifrig ihre Goldfranken. 1896 legte Pierre Bossan den Grundstein für den Neubau. Mit 86 m Länge, 53 m Breite und 170 m Höhe provozierte allein seine Größe. Im Stadtrat erhoben sich Stimmen, die das Bauwerk als Hochburg des Aberglaubens und **unverschämte Provokation für die Lyoner Demokratie** bezeichneten. Spiralförmige Treppen führen zum Observatorium. Der heutige **Aussichtspunkt auf dem Dach** der Basilika war früher eine wissenschaftliche Sternwarte der Université Catholique de Lyon. Pilger beschreiten den beschwerlichen Pilgerweg durch den Jardin du Rosaire und betreten durch das Löwentor zunächst die niedrige und düstere, dem hl. Josef gewidmete Krypta. Sie müssen über Josef – sozusagen durch die Hölle – zu Maria ins Paradies gehen. Die Mosaiken auf dem Boden zeigen die sieben Todsünden. Der Chor ist mit Mosaiken zu den Taten des hl. Josef verziert und der Hauptaltar stellt den Tod des hl. Josef dar. Architekt Bossan verlieh hier dem Schutzheiligen des guten Todes seine eigenen Gesichtszüge. Höhepunkt der Wallfahrt ist die obere Kirche, Marias „goldenes Haus". Prunkvolle Mosaiken aus vergoldeten venezianischen Mosaiksteinen, Goldschmiedearbeiten, Holzschnitzereien, Marmor, Stuck und Säulen zieren jeden Winkel. Vor

Helligkeit kneift man in diesem **überdimensionalen, funkelnden Schmuckkästchen** die Augen zusammen und weiß nicht, wohin man sie als Erstes wenden soll. Die Mosaiken und Bleiglasfenster aus dem 19./20. Jh. erzählen die Geschichte der hl. Maria. Die acht Kapellen sind dem Mysterium ihres irdischen Lebens gewidmet. Die drei Kuppeln im Hauptschiff stellen die Jungfrau und die Dreifaltigkeit dar. Wer das Kirchenschiff schnell erreichen bzw. direkt ins Paradies aufsteigen möchte, kann den Aufzug an der von der Seilbahnstation aus gesehen linken Außenwand nehmen.

Wesentlich fotogener als die Basilika ist das **Panorama**. Bei schönem Wetter reicht die Sicht von der Esplanade aus über die gesamte Stadt bis zum Mont Blanc. Der Blick schweift über den Hügel von La Croix-Rousse zum Dach der Oper (s. S. 50) von Jean Nouvel, über die Dächer der Altstadt hinweg an den Ufern von Saône und Rhône entlang. Deutlich erkennbar ist die alte Römerstraße, die an der Place Bellecour vorbei in die Ferne führt. Und exakt auf Augenhöhe liegt die Spitze des *Crayon*. Das als Bleistift bezeichnete Hochhaus der Bank Crédit Lyonnais hat mit Absicht exakt dieselbe Höhe wie der Turm der Basilika.

❯ 8 place de Fourvière, www.fourviere.org, Führungen Mo–Sa 10–12 und 14–17 Uhr, So 14–16.30 Uhr, 2 €, Sonderführungen auf dem Dach Juni–Sept. tgl. 14.30–16 Uhr, April–Okt. nur Mi u. So, Nov. Mi. u. So 14.30 und 15.30 Uhr, 5 €, Metro (Funiculaire): Fourvière

⑫ MUSÉE GALLO-ROMAIN DE LYON-FOURVIÈRE ★ ★ [A5]

Lyons Römermuseum.

Mit kastenartiger Betonarchitektur setzte der französische Architekt Bernard Zehrfuss auf äußere Schlichtheit. In jungen Jahren wurde er von Perret und Le Corbusier beeinflusst und in den 1960er-Jahren entwarf er das Pariser UNESCO-Gebäude. Von außen ist von Lyons galloromanischem Museum nicht viel zu sehen, denn es ist **fünf Stockwerke tief in den Hügel gebaut**. Glasfenster trennen es vom römischen Theater und dem Odeon. Eine spiralförmige Rampe führt vom Eingang aus durch die Ausstellung bis ganz unten. Am Ende fährt man mit dem Fahrstuhl wieder hoch.

Ein Besuch veranschaulicht, wie die römische Stadt Lugdunum im 10. Jh. n. Chr. ausgesehen hat. Prächtige Mosaikböden, darunter das Mosaik der Zirkusspiele, Silberbecher und Filigranes aus Glas zeugen von ihrem Reichtum. Politische Bedeutung symbolisieren z. B. die Büste des Plancus, der Lugdunum im Jahr 43 v. Chr. gründete, und die Büste des Kaisers Caracalla. Schwere Säulen und Platten waren einst Teil der

Kletterpark
Fourvière Aventures
Für Kinder und sportlich Aktive ist dieser Kletterpark in Lyons Parc de la Hauteur eine willkommene Abwechslung. Es gibt Parcours verschiedener Schwierigkeitsgrade und beim Klettern werden Aspekte des Umweltschutzes berücksichtigt und gelehrt.

'**188** [ak] Kletterpark **Fourvière Aventures**, Piste de la Sarra, Place du 158ième Rgt. d'infanterie, www.fourviere-aventures.com, im Sommer an den Wochenenden, Erw. 20 € für 2 Std., Metro: Fourvière, Bus 45 Cimetière de Loyasse

O44ly Abb.: ps

repräsentativen **römischen Archi-tektur,** die hier durch Modelle sehr anschaulich dargestellt wird. Man staunt vielleicht darüber, dass das kleine Theater überdacht war, und man kann sich mit der Bühnentechnik der Römer vertraut machen und auf Knopfdruck selbst „den Vorhang fallen lassen".

Zu den Museumshighlights zählen die Bestandteile eines Prozessionswagens aus dem 8. Jh. v. Chr., gefunden in La Côte St-André im Département Isère. Ein weiteres ist die für Lyons Geschichte bedeutsame *Table Claudienne.* Wer Latein kann, vermag diese Niederschrift auf den bisher gefundenen Stücken einer **Bronzetafel** vielleicht sogar selbst zu entziffern. Es ist die Rede, mit der Kaiser Claudius im Jahr 48 vor dem römischen Senat erstritt, dass die gallischen Bewohner der damaligen drei römischen Provinzen das begehrte Bürgerrecht bekamen und somit am politischen Leben Roms teilnehmen konnten. Ein

Winzer fand zwei Stücke der Bronzetafel im 16. Jh. an den Hängen von La Croix-Rousse. Eine Art Puzzle aus Bronze ist auch der gallische Sonnen- und Mondkalender aus Coligny, die längste bisher gefundene Inschrift in einer keltischen Sprache.

❯ 12 rue Cléberg, Tel. 04 72384930, http://gal.erasme.org/fourviere/accueil/index.html, Di–So 10–18 Uhr, Eintritt: 7,50 €, Do frei, Audioguides auf Englisch, keine deutsche Beschriftung, Aufzug, Funiculaire Minimes

⑬ PARC ARCHÉOLOGIQUE DE FOURVIÈRE ★ ★ [A5]

Römische Theaterkulissen.
Lyons **großes Theater** bot zu Römerzeiten 10.000 Plätze und war eine Bühne für spektakuläre Aufführungen, bei denen die Schauspieler Masken trugen, damit auch aus großer Distanz noch zu erkennen war, ob die Figur ein romantisches Lächen auf den Lippen hat oder die Grimasse

des Bösewichts. Es wurde im 1. Jh. vor Chr. unter Kaiser Augustus erbaut und mehrmals erweitert. Das Theater hat einen beachtlichen Durchmesser von 108 m. Heute ist es im Sommer Schauplatz der renommierten Nuits de Fourvière, die jährlich über 100.000 Besucher anziehen. Je nach Vorstellung bietet es 2500 bis 4800 Zuschauern Platz. Es ist den Rest des Jahres frei zugänglich und ein idealer Ort für ein Picknick mit Aussicht. Wer die Treppen bis in die oberen Ränge hinaufsteigt, gerät ganz schön außer Atem.

Nebenan liegt das **Odeon**, das kleine Theater, das früher 3000 Plätze bot. Die Römer nutzten den damals noch überdachten Bau für Konzerte, Lesungen und auch für Versammlungen. Wahrscheinlich wurde es 100 n. Chr. erbaut.

❯ Funiculaire Minimes, Rückweg gegebenenfalls Funiculaire St-Just

LA PRESQU'ÎLE: DIE HALBINSEL

Zwischen Saône und Rhône pulsiert das Leben. Lange Einkaufsstraßen mit exklusiven Geschäften, großzügige Plätze, reich verzierte alte Häuser – hier gibt sich Lyon am pariserischsten. Zwischen der Oper, die wegen ihrer nächtlichen Beleuchtung gern „Toaster" genannt wird, und dem altehrwürdigen Théâtre des Célestins treffen sich die Bonvivants

◀ *Das Lyon der Römer:*
Bei den Nuits de Fourvière (s. S. 11)
erwacht es zur Kulturbühne

der Stadt in Cafés, Kneipen und Restaurants. Für die sehenswerten Kirchen und großen Museen reicht ein Tag kaum aus.

⓮ PLACE DES TERREAUX UND RATHAUS ★ [D2]

Ein weitläufiger Platz und wichtiger Verkehrsknotenpunkt in Lyon.

Terreaux heißt Schlamm bzw. Moor, was man in der Tat nicht vermutet, wenn man über den weitläufigen Platz blickt, der sich vor Lyons Rathaus erstreckt. Von der Tram bis zum Elektrobus fahren an diesem Verkehrsknotenpunkt im Minutentakt sämtliche modernen Verkehrsmittel der Stadt vorbei. Wo früher die Gallier ihre Schweine weiden ließen, schauten die Menschen im 18. Jh. raunend zu, wie die Guillotine ihr blutiges Werk tat. Der vergleichsweise langweilige Verwaltungsplatz sollte im 19. Jh. verschönert werden. Und so kam er zu dem **riesigen Brunnen** aus 50 t hohlem Blei mit den sich dramatisch aufbäumenden Pferden. Frédéric Auguste Bartholdi, der Schöpfer der New Yorker Freiheitsstatue, gestaltete ihn 1887 für die Stadt Bordeaux. Er symbolisiert die Garonne und ihre Nebenflüsse an der Mündung in den Ozean. Bordeaux jedoch weigerte sich, ihn zu kaufen. Auf der Weltausstellung von 1889 erstand Lyons damaliger Bürgermeister ihn daraufhin zum Schnäppchenpreis. Und zum 100. Jubiläum der Französischen Revolution gab man ihm in Lyon einfach den Namen „Wagen der Freiheit".

Mit Spiegelsäulen an der Nordseite und 60 schwarzen Granitplatten versuchte der Künstler Daniel Buren 1994 den Platz zu verschönern. An seiner Stirnseite steht Lyons **Rathaus** (Hôtel de Ville, nach Voranmeldung

EXTRATIPP

Speisen in der Oper mit Ausblick

189 [D2] **Les Muses de l'Opéra** €€,
1 place Comédie, www.lesmuses
delopera.com, Tel. 04 72004558,
Mo–Sa 12–14, 20–22 Uhr. Raffinierte französische Küche, die
Mittagsmenüs sind günstiger. Ein
Aufzug führt in das elegant desi-
gnte Restaurant mit Terrasse. Je
schöner das Wetter, desto fantas-
tischer der Blick aus dem 7. Stock
der Oper über die Schultern der
acht Musen. Vielleicht sieht man
auch den Sternenhimmel, aber
Urania, die Muse von Astronomie
und Astrologie, fehlt am Opernbau.
Die neunte Figur hätte die Symme-
trie gestört.

Führungen über das Office du Tourisme (s. S. 110). Der ursprüngliche
Bau fiel einem Brand zum Opfer.
Ab dem 17. Jh. gestaltete Versailles
Architekt Jules Hardouin-Mansart
das Rathaus im damals modernen
Barockstil, dessen Opulenz dem Ab-
solutheitsanspruch Ludwig XIV. ent-
gegenkam. Minerva und Herkules
grüßen von beiden Seiten des 40 m
hohen Glockenturms mit 40 Glocken,
die nur zu seltenen Anlässen erklingen. In der Mitte der Fassade hat ein
Reiterdenkmal von Heinrich IV. das
frühere von Ludwig XIV. ersetzt. Das
Rathaus öffnet seine Türen für Besucher nur in Ausnahmefällen, z. B.
unregelmäßig an den Tagen des offenen Denkmals. Geht man an der
Fassade entlang weiter, erreicht
man die Place de la Comédie mit der

045ly Abb.: ps

1993 von Jean Nouvel erneuerten **Oper** (s. S. 50), deren neoklassizistische Fassade erhalten blieb. Im Café des Foyers (Le Péristyle) spielen im Sommer Jazzbands und die Arkaden sind ein beliebter Treff für Hip-Hop- und Breakdancer.

> Metro Hôtel de Ville

⑮ MUSÉE DES BEAUX-ARTS ★ ★ ★ [D3]

Von der Place des Terreaux gelangt man in den Innenhof des Kunstmuseums, eine Oase der Ruhe mitten im Stadtzentrum und beliebter Treffpunkt für die Mittagspause auf Parkbänken unter Bäumen in einem ehemaligen Kreuzgang zu Füßen von Skulpturen Rodins. Ebenfalls frei zugänglich sind das Café und Restaurant Les Terrasses de St-Pierres im ersten Stock. Hier kann man Revue passieren lassen, was man in einem der schönsten Museen der Stadt entdeckt hat.

Das weitläufige Palais St-Pierre mit 70 Ausstellungsräumen auf drei Ebenen war bis zur Französischen Revolution ein Benediktinerkloster. Erhalten sind noch das Refektorium und die Ehrentreppe im südöstlichen Flügel. Der Symbolist Pierre Puvis de Chavannes malte 1884 für die Treppe „Le Bois Sacré": Der heilige Wald mit den neun Musen symbolisiert den **zeitlosen und idealen Ort der Kunst.** In der lichtdurchfluteten früheren Kapelle mit Skulpturen aus dem 19. und 20. Jh. beginnt der Rundgang direkt mit einem ersten Highlight. Man kann ab hier einfach den Richtungspfeilen folgen und das Museum komplett durchwandern oder gezielt nach den eigenen Interessen vorgehen und – sei es – sofort den Prunksaal mit der Münzsammlung ansteuern.

Fans der Antike sollten vielleicht wissen: Bei der ältesten Statue des Museums in Saal 65 handelt es sich um ein Mädchen aus der Korengruppe der Akropolis des 6. Jh. v. Chr. Für den **zynischen Humor:** In Saal 32 kann man sich unter 36 karikaturistischen Miniaturbronzen des Parlaments der Julimonarchie u. a. über den Lyoner Bürgermeister Clement-François-Victor-Gabriel Prunelle amüsieren, den der Dichter, Karikaturist und Bildhauer Honoré Daumier gern boshaft *prune* (Pflaume) nannte und hier gar nicht vorteilhaft darstellte.

Weitere Highlights sind die impressionistischen und modernen Gemälde. 35 schenkte 1993 die in Lyon geborene Schauspielerin Jacqueline Delubac dem Museum. In der Abteilung Malerei sind wichtige europäische Maler wie Veronese, Tintoretto, El Greco und Zurbarán und auch Maler der Kölner Schule, Lucas Cranach der Ältere sowie Rembrandt und Rubens vertreten. Zu den französischen Malern des 19. Jh. gelangt man durch den runden Salon des Fleurs mit Werken des Blumenmalers Antoine Berjon und Vertretern der Lyoner Schule wie Jean-Michel Grobon, Fleury Richard und Pierre Révoil. Die **Werke der Blumenmaler** lieferten auch viele Motive für die Lyoner Seide. Besonders anmutig ist die Statue der Juliette Récamier von Joseph Chinard. Die Bankiersgattin, die in Paris einen Literatensalon betrieb, wurde seinerzeit als schönste Frau der Welt gepriesen und inspirierte viele Künstler.

◀ *Spontane Performance vor dem Brunnen an der Place des Terreaux* ⑭

In Lyon wirkte auch Louis Janmot, Zeitgenosse der Dichter Charles Baudelaire und Théophile Gautier.

Das Museum zeigt in einem separaten Raum 18 mystische Bilder, die zu Janmots bekanntestem Werk „Poème de l'âme" („Gedicht der Seele") gehören, einem **Paradebeispiel für den Symbolismus**. Allegorische Gestalten, meist religiöser Herkunft, repräsentieren die Psyche der Menschen zwischen den Extremen von Gut und Böse (nach biblischer Auffassung). In seinem Zyklus begleitet Janmot einen Knaben in Weiß und ein Mädchen in Rosa von der Wiege über das Grab bis hin zur Auferstehung. Ein besonders ausdrucksstarkes Bild ist dem Alptraum gewidmet. Zu den Bildern brachte er auch einen umfangreichen Gedichtzyklus heraus.

Auf realitätsnähere Weise war Theodor Gericault an der menschlichen Psyche interessiert. Er widmete sich gern äußerst tiefgründig dem Gesichtsausdruck mental Verwirrter wie z. B. auf seinem Porträt „La Monomane de l'Envie" (dt. „Die Irre"). Und wer sich für das 20. Jh. begeistert, trifft auf einige erlesene Werke von **Bracques, Chagall, Dubuffet, Dufy, Max Ernst** etc.

Verlässt man den europäischen Kulturkreis, hat das Museum ebenfalls eine ganze Menge zu bieten, z. B. im Bereich der griechischen und römischen Zivilisationen und der sehr anschaulichen und für den **Besuch mit Kindern** idealen Abteilung zum Alten Ägypten. Liebhaber islamischer Keramik und Kunstobjekte kommen im ersten Stock auf ihre Kosten.

❯ 20 place des Terreaux, Tel. 04 72101740, www.mba-lyon.fr/mba/, tgl. außer Di und an Feiertagen. 10–18, Fr ab 10.30 Uhr, Eintritt: Dauerausstellung 7/4 €, Wechselausstellungen 9/6 €, beide 12/7 €, Führungen 3 €. Audioguides auf Englisch.

▲ *Musée des Beaux-Arts* **15***:*
In der Kapelle des früheren Klosters sind heute Skulpturen ausgestellt

⑯ FRESQUE DES LYONNAIS ★★★ [C2]

Prominente Bürger Lyons an einer Hauswand – die Cité de la Création (s. S. 56) begann ihre Wandmalereien in dem einst tristen Lyon einer jungen Generation von Bürgermeistern wie Michel Noir und Raymond Barre, die froh über etwas mehr Farbe im Stadtbild waren.

Zu den Olympischen Spielen realisierten die Künstler aus Lyon in Barcelona eine Wand mit Porträts der 30 bekanntesten Katalanen. Michel Noir wollte dasselbe für Lyon und so **entstand 1995** innerhalb von neun Monaten die Fresque des Lyonnais. Vorher hatte es in der Stadt eifrige Debatten darüber gegeben, wer abgebildet werden sollte.

Zu sehen sind u.a. der römische Kaiser Claudius, der Webstuhlerfinder Joseph-Marie Jacquard, Laurent Mourguet, der Erfinder der Kasperfigur Guignol (s. S. 76), André-Marie Ampère, die Erfinder des Kinos Auguste und Louis Lumière (s. S. 67), Architekt Tony Garnier, Antoine de Saint-Exupéry, Paul Bocuse (s. S. 42) und der Filmregisseur Bertrand Tavernier. Letztendlich malten sie nur **24 berühmte Stadtbewohner** auf die Balkone an zwei zum Saône-Ufer orientierten Hauswänden. Einige Fenster ließen die Künstler mit Absicht frei. Vielleicht um die kleine Kulturgeschichte Lyons irgendwann zu ergänzen? Frauen zeigt die Wand auch: die schöne Juliette Récamier (s. S. 91), die heilige Blandine, Louise Labé, Gastgeberin literarischer Zirkel, Pauline Jaricot (s. S. 84) und die bekannte Nonne Claudine Thévenet, die im Lyon der Französischen Revolution wirkte.

❯ 2 rue de la Martinière (Ecke Quai St-Vincent), Metro Hôtel de Ville

⑰ KIRCHE ST-NIZIER ★★ [D3]

Ort der Wunderheilungen und des Unterschlupfs.

Schon von Weitem fallen die beiden Türme dieser Kirche an der belebten Einkaufsstraße Rue Paul Chenarvard auf: Der Turm aus roten Ziegeln im gotischen Stil stammt von 1454 und der zweite aus Stein wurde 400 Jahre später im neogotischen Stil mit Durchbrüchen hinzugefügt. Die heutige Kirche wurde im 15. Jh. zu Ehren des Bischof Nizier gebaut, dessen Grab in ihrem Vorgängerbau man zahlreiche Wunderheilungen zuschrieb. Ihren Standort, mitten im Wohnviertel der ersten Christen der Stadt, soll aber schon die hl. Pothinus geweiht haben, Lyons späterer Schutzpatron. In St-Nizier wurde auch der Physiker André-Marie Ampère getauft. In der Kapelle des hl. Franz von Sales liegt Lyons erster Verleger Barthélemy Buyer begraben. St-Nizier bot Mitgliedern des Widerstands gegen die Nazis für ihre geheimen Treffen Unterschlupf.

KLEINE PAUSE

Crêpes oder Sandwiches auf die Hand

☎ **190** [D4] **Délices de Marius** (10 rue Grenette) ist gut für eine Stärkung nach dem Einkaufsbummel. Im Straßenverkauf oder in der kleinen Snackbar der Kette gibt es frische Crêpes, Sandwichs, Salate, Joghurt, Waffeln. Für das späte Frühstück findet man *Pains au Chocolat* oder Croissants. Kräuter der Provence sind Ehrensache und dieses Schnellrestaurant zählt zu denen der gemütlichen Sorte. Ist aber oft voll ... In Ruhe sein Picknick verzehren kann man dann z. B. am Ufer der Saône.

Cordeliers

Das heißt Schnurträger und so nannte man die Franziskaner, weil ihr
graues Mönchsgewand eine Schnur
mit drei Knoten als Gürtel hatte. Die
Franziskaner siedelten sich im 13. Jh.
in Lyon an. Von ihrem Kloster Couvent des Cordeliers ist nur die Kirche
St-Bonaventure übrig geblieben.

1975 besetzten um die 100 Prosti-
tuierte die Kirche und demonstrier-
ten so gegen die Brutalität der Polizei, was landesweit Aufsehen erregte
und nachgeahmt wurde. Meisterwer-
ke im Inneren sind die Muttergottes
der Gnaden des Bildhauers Antoine
Coysevox von 1697, die Fenster, eine
in das Deckengewölbe eingelassene
Uhr von 1549 und einige Gemälde
aus dem 19. Jh. Solange sie nicht wegen Restaurierung geschlossen ist,
lohnt auch ein Abstieg in die Krypta
mit Mosaiken der Jungfrau Maria und
der Märtyrer Lyons.

❯ 2 place St-Nizier, Metro Cordeliers,
 Mo 14–18, Di–So 9–18 Uhr

⓲ ST-BONAVENTURE ⭐ [D4]

Die Kirche der Franziskaner.

Innen ist diese Kirche an der Place
des Cordeliers **angenehm schlicht,**
gemäß des Armutsideals des Fran-
ziskanerordens. Die Kapellen wurden
später von den Handwerkszünften für
ihre Schutzpatrone gestaltet. Die vier
Tapisserien im hinteren Teil spendete
im 18. Jh. eine reiche Familie, deren

Sohn dem Orden beitrat. Sie zeigen
Szenen aus dem Leben des hl. Bona-
venture, der als großer Gelehrter ver-
ehrt wurde. Die imposante Fenster-
rosette stammt erst aus dem 19. Jh.

❯ Place des Cordeliers, Metro Cordeliers,
 8.30–12, 15.30–19 Uhr

⓳ BRUNNEN AN DER PLACE DES JACOBINS ⭐ [D4]

Plätschernde Oase.

Einst stand auf diesem Platz zwischen Lyons Einkaufsstraßen ein
Kloster. Heute sorgt hier ein Brunnen aus dem 19. Jh. für italienisches
Flair. Er stammt von Gaspard André,
dem Architekten des Théâtre des Célestins, und erinnert an vier berühmte
Lyoner: den Architekten Philibert Delorme, den Maler Hippolyte Flandrin,
den Bildhauer Guillaume Coustou
und den Kupferstecher Gérard Au-
dran. Er plätschert harmonisch mitten im Kreisverkehr und auch die **bar-
busigen Musen** fehlen nicht.

❯ Metro Bellecour

▶ *Brunnenimpression
an der Place des Jacobins*

U4 / ly Abb.: ps

Kunst in der Tiefgarage

Drunter und Drüber – „Sens dessus dessous" – heißt das Werk der Künstler Daniel Buren und Michel Targe. Um es zu sehen, braucht man die Tiefgarage unter der Place des Célestins zunächst nicht einmal zu betreten. Vor dem Eingang des Theaters auf dem Platz steht ein Periskop. Blickt man hindurch, spiegelt ein Rundspiegel die Arkadenfenster der spiralförmigen Parkdeckzufahrt. Faszinierend, besonders wenn die **zahlreichen Lämpchen** eingeschaltet sind. Vom Parkwächter bekommt man einen Plan mit weiteren Kunstwerken in den Tiefgaragen der Stadt, z. B. unter der Place des Terreaux (Matt Mullican) sowie in den Parkhäusern Parc République (François Morellet) und St-Georges (Marin Kasimir).

⑳ HÔTEL DIEU ★ [D5]

Den Grundstein zu dem Gebäude mit der **beeindruckenden Fassade**, das bis heute auf 325 m Länge das rechte Rhône-Ufer prägt, legte 1741 Lyons bekannter Architekt Jacques-Germain Soufflot. Die das Ganze überragende Kuppel plante er großzügig, ihren Bau überwachte er aber nicht mehr persönlich, denn er verließ Lyon, um das Panthéon in Paris zu überwölben. Sein Nachfolger ließ die Kuppel bescheidener ausfallen. Nach dem Zweiten Weltkrieg ließ man sie 1970 nach Soufflots Originalplänen wiedererrichten, allerdings aus Beton. Das lange Jahre hier ansässige Krankenhaus wurde Ende 2010 geschlossen. Der Investor BTP Eiffage wird das historische Gebäude von 2012 bis 2016 umbauen. Entstehen soll ein für die Öffentlichkeit zugänglicher, moderner Komplex mit Büros, Boutiquen und Geschäften. Akzente setzen sollen ein Kongresszentrum mit 3000 m² Fläche und Auditorium

▲ *„Sens dessus dessous"*
von Daniel Buren und Michel Targe

Multikulti und Bobo: Das Viertel La Guillotière

La Guillotière, das erst seit 1852 zu Lyon gehört, liegt am anderen Ufer der Rhône. Die gleichnamige Brücke führte lange Zeit als Einzige nach Lyon und daher sammelten sich an ihrem Kopf seit eh und je Reisende und Immigranten. Das heutige multikulturelle Viertel erinnert eher an Marseille und ist bei Studenten sehr beliebt. An der Rue Paul Bert und entlang der Shoppingachse Cours Gambetta wohnen vorwiegend Maghrebiner. Um die Rue Pasteur wiederum wird es chinesisch. Die meisten Afrikaner leben an der Grande-Rue de la Guillotière. Auf den Straßen mischen sich die Nationalitäten, bis spät in die Nacht geht es lebhaft zu, manchmal **duftet es nach Gewürzen.** Und neben bunten Ständern mit indischen Kleidern sorgt auch eine bemalte Hauswand zu Ehren der Brüder Lumière für Farbe (18 cours Gambetta).

Probleme bereiten Hausbesetzungen durch neue Einwanderergruppen einerseits; andererseits befürchten viele den Einzug der Yuppies und einen rapiden Anstieg der Wohnungs- und Ladenpreise. Hier herrscht noch echter Nachbarschaftssinn und besonders Lyons *bobos (bourgeois-bohémiens)* schätzen jedes Fleckchen des Viertels. So hat ein Verein auf einer Brachfläche der Stadt mitten zwischen Wohnhäusern einen Garten angelegt. Jetzt duftet es an der Kreuzung der Rue Mazagran und Jangot aus dem Jardin Amaranthe im Sommer schon mal nach frischem Gemüse oder auch Gegrilltem. Ganz in der Nähe liegt auch eins der letzten, echten französischen Bistros, **Biotop und Kontaktbörse** für alte und neue Nachbarn. Ab und zu wird Kulturelles geboten und neue Gesichter sind willkommen:

191 [F7] **Chez Thibault** °°, Bistrot de Village, www.chezthibault.fr, 80 rue Montesquieu, Di–Fr 11–23, Sa 17–23, So 11–16 Uhr, Metro: Guillotière

(300 Plätze) sowie das Fünfsternehotel Intercontinental. Wie im früheren Krankenhaus wird auch wieder ein Museum an Lyons Medizingeschichte erinnern.

So hat Lyon wieder ein ehrgeiziges Bauprojekt. Die Kosten belaufen sich schätzungsweise auf 125 Mio. Euro. Mal sehen, was in Zukunft aus der denkmalgeschützten historischen Bausubstanz gemacht wird.

❯ 1 place de l'Hôpital

㉑ PLACE BELLECOUR ★★ [C5]

Kilometer Null. Von diesem Platz aus werden in Lyon alle Entfernungen gemessen.

Lyons „roter Platz" – den Boden bedeckt roter Schotter – ist weitläufig. Schließlich misst er 310 x 200 m bzw. 62.000 m². Vor dem Pavillon des Office du Tourisme (s. S. 110) **starten die Stadtführungen.** Leute auf Segways gleiten vorbei, Kinder auf Skates, man kauft Blumen am Kiosk oder sitzt einfach nur im Café und schaut oder liest Zeitung, während andere ihren Nachwuchs auf den Spielplatz begleiten. Auf dem weiten Platz dreht sich schon mal ein Riesenrad, an das sich ältere Bewohner noch aus Kindertagen erinnern. Anekdote am Rande: Das Betreiberpaar trennte sich, der Mann kaufte ein eigenes Rad und zu Weihnachten 2010 rückten beide mit einer ganzen Wagenkolonne an und wollten zwei Riesenräder aufbauen. Die Stadt blieb hart, setzte Polizeikräfte ein und gab nur der Frau die Lizenz. Inzwischen kommt die Frau im Winter, der Mann im Sommer.

▶ *Deckenfresko in der romanischen Kirche St-Martin d'Ainay* ㉒

Auch Demonstranten oder Nachtschwärmer versammeln sich am Reiterstandbild. Richtung Rhône schließt sich Lyons Hauptpost an und ein Glockenturm, der als einziger Teil von einem früheren großen Krankenhaus hier stehen blieb.

Das **Pferd in der Mitte** der Place Bellecour reitet nach wie vor Ludwig XIV., einzig überragt von der Basilika von Fourvière, aber nur aus der Ferne. Sein Denkmal wurde während der Revolution eingeschmolzen, aber 1825 wieder nachgebaut. Man munkelt, der Bildhauer Lemot habe sich umgebracht, weil er Sattel und Steigbügel vergaß. Stimmt nicht. Er habe den Reiter auf diese Weise mit Absicht wie einen römischen Cäsaren dargestellt, meinen wiederum andere. Künstlerische Freiheit eben. Für viele Lyoner steht auf dem Platz ohnehin nur das „Bronzepferd" und den Namen des Reiters haben sie vergessen. Besser erinnern sie sich an An toine de St-Exupéry und seinen kleinen Prinzen – ihre Skulpturen stehen an der Südwestseite des Platzes.
❯ Metro Bellecour

㉒ ST-MARTIN D'AINAY ★ ★ ★ [B7]

Lyons älteste und einzige romanische Kirche ist wegen ihrer Flachreliefs und den Fresken des berühmten Lyoner Malers Hippolyte Flandrin sehenswert. Sie liegt in einem Viertel mit hübschen historischen Stadtvillen, unweit der Saône.

Nur die dreischiffige Kirche ist von der großen Benediktinerabtei übrig geblieben, die hier ab dem 9. Jh. zwischen Gärten und Wiesen lag. Sie verwaltete über 70 Kirchen. Päpste und Könige besuchten sie, bis die Französische Revolution all dem ein Ende bereitete. Der 31 m hohe Kirchturm hat eine pyramidenförmige Spitze. Vier tragende Säulen aus ägyptischem Granit stammen vom Altar des Kaisers Augustus, der auf dem Croix-Rousse-Hügel ausgegraben wurde. Ein Modell zeigt, wie die **mehrmals**

KLEINE PAUSE

Drinks, WIFI und Bücher

Kaffee, Tee, Säfte, Salate, frische Snacks und eine Auswahl an Bioprodukten kann man in der WIFI-Bar mit Glasdach im hinteren Teil der polyglotten Buchhandlung Raconte-moi la Terre genießen, die auf Reiseliteratur spezialisiert ist. Es gibt auch Bücher zu Lyon und ein paar auf Englisch und Deutsch. In Fußnähe, direkt an der Place Bellecour, liegt als Alternative mit ähnlichem Konzept die Buchhandlung InCuisine, mit einem riesigen Sortiment an Literatur und Bildbänden zum Thema Küche. Hier kann man sich das Frühstück oder das Mittagessen schmecken lassen und sich sogar für einen Kochkurs anmelden (2–3 Std. 25–60 €).

🚩**192** [C5] **InCuisine** ⁰⁰, 1 place Bellecour, Mo 14–19, Di–Sa 10–19 Uhr
🚩**193** [C5] **Raconte-moi la Terre** ⁰⁰, 14 rue du Plat, Metro Bellecour, Mo–Sa 10–19.30 Uhr

043ly Abb.: ps

veränderte **Kirche** im 16. Jh. aussah. Die älteste Kapelle aus dem 11. Jh. erinnert an Lyons Märtyrerin, die hl. Blandine. Liebhaber der romanischen Kirchenkunst werden die Flachreliefs rund um die beiden Säulen am Choreingang begeistern. Das rechts heißt Adam und Eva und stellt sehr anschaulich die Erbsünde und die Erlösung der Welt dar. Links zeigt das Relief die Geschichte von Kain und Abel – Brudermord und Hoffnung auf Erlösung. Die Fresken aus dem 19. Jh. stammen von Hippolyte Flandrin, einem der berühmtesten Maler aus Lyon.

❯ 2 rue Vaubecour, Metro Ampère, Eintritt frei

㉓ MUSÉE DES TISSUS ET DES ARTS DÉCORATIFS ★ ★ [C6]

Historische Textilkunst, Deko und Design in prächtigen Villen.

Lyons Industrie- und Handelskammer eröffnete 1864 das Museum für Stoffe und 1925 das Kunstgewerbemuseum. Beide sind heute in zwei **imposanten Stadtvillen** untergebracht. Das Stoffmuseum dokumentiert die Geschichte der Stoffe im Okzident und Orient vom Kimono über Teppiche aus Persien und Flandern bis zur Wandbespannung des Schlafzimmers der Kaiserin Josephine in Fontainebleau, die sie beim Seidenweber Gilles Gaudin aus Lyon in Auftrag gab. Man kann auch Stoffe bekannter Designer aus dem Lyon des 18. Jh. bewundern, sowie Chinoiserien und Velours-Porträts, die im 19. Jh. mit dem neuen Verfahren der Seidenstickerei hergestellt wurden, das die Brüder Grégoire erfunden hatten. Das Museum besitzt eine der umfangreichsten Textiliensammlungen der Welt, von der immer nur ein Teil gezeigt wird. Seit 1954 hat hier das Internationale Forschungszentrum für alte Textilien seinen Sitz und seit 1985 betreibt die Industrie- und Handelskammer auch eine Werkstatt für die Restaurierung alter Textilien (nicht zu besichtigen). Seit 2007 ist das Museum im November Schauplatz der **Biennale für zeitgenössische Textilkunst.**

Von der Orientabteilung kommt man ins **Kunstgewerbemuseum,** das sehr anschaulich zeigt, mit welchem Luxus an Mobiliar, Wandschmuck und Kunstobjekten sich die Reichen des 19. Jh. umgaben. Über drei Stockwerke geht es durch holzvertäfelte Räume mit wertvollen Möbeln, Tapisserien, Porzellan, französischen Fayencen und italienischen Majoliken. Wandschmuck und Einrichtung stammen teilweise aus früheren *hôtel particuliers* (Stadtvillen) Lyons. Die wertvolle Uhrensammlung umfasst ca. 40 Exemplare und das Cembalo im zweiten Stock wurde 1716 vom Lyoner Instrumentenbauer Donzelageu gefertigt. Ein Raum ist auch der Goldschmiedekunst gewidmet.

❯ 34, rue de la Charité, Tel. 04 78384200, Metro Ampère, www.musee-des-tissus.com, Di–So 10–12 und 14–17.30 Uhr, Stoffmuseum durchgehend, Eintritt: 7 €

▶ *Die Montée de la Grande-Côte* ㉕ *ist eine der Lebensadern von La Croix-Rousse*

LA CROIX-ROUSSE

Einst klapperten auf dem Hügel von La Croix-Rousse die Webstühle. Das frühere Viertel der Seidenarbeiter erinnert mit Graffiti, Kneipenszene, Hinterhöfen, Kinderkrippen und kleinen Theatern ein wenig an Berlin. Am Hang haben junge Modeschöpfer und Designer ihre Läden eröffnet. Oben auf dem Plateau, einer Welt für sich, sozusagen eine Etage höher als Rhône und Saône, geht es gemütlich zu. Die Arbeiterwohnungen aus dem 19. Jh. mit ihren hohen Decken sind begehrt, ihre Mieten nicht mehr für jedermann erschwinglich. Aber wer hier wohnt, fühlt sich wohl, und das überträgt sich auch auf die Besucher. Seinen Namen verdankt das Viertel einem heute verschwundenen Kreuz aus rötlichem Stein in der Montée de la Boucle.

24 PLACE SATHONAY UND AMPHITHEATER ★★ [C2]

Unter Kastanienbäumen kann man an diesem **gemütlichen Platz am Fuß von La Croix-Rousse** auf Bänken sitzen. Ihre Mittagspause verbringen die Lyoner gern auf dem Sockel der Statue des Sergent Blandan, einem Sohn des Viertels, der im Jahre 1842 in Algerien starb. An einer Seite liegt das kleine Rathauscafé (Café de la Mairie), an der anderen Seite findet man das Café de la Place – alles dicht beieinander, fast wie eine Karikatur des guten alten Frankreichs. Von der Place Sathonay führen Treppen zum ehemaligen botanischen Garten, von dem nur noch ein paar Bäume übrig sind. Oberhalb gelangt man zum Amphithéâtre des Trois Gaules, im 12. Jh. v. Chr. für die Abgeordnetenversammlung der 60 gallischen Stämme erbaut. In der Arena fand die hl. Blandine 177 ihren Märtyrertod. Man richtete sie hin, nachdem die Löwen sich ihr zu Füßen legten, statt sie anzugreifen.

25 MONTÉE DE LA GRANDE-CÔTE UND TRABOULES ★★ [C1]

Zu beiden Seiten der Treppen der Montée de la Grande-Côte lohnen Streifzüge durch die Querstraßen am Hang von La Croix-Rousse. Die Gartenanlage im oberen Teil lädt zu Pausen mit schöner Aussicht ein. Schatten und Designerstücke

Café du Gros Caillou

Im Sommer hat man hier von der großen Terrasse auf dem Plateau einen schönen **Panoramablick.** Der Name stammt von dem großen Stein. Der Legende nach ist er das versteinerte Herz eines Gerichtsvollziehers, der eine Seidenweberfamilie vor die Tür setzte. Nachdem er den Stein durch die ganze Stadt bis ans Ende dieses Boulevards gerollt hatte, wurde er von seiner Strafe erlöst. Anderen Quellen zufolge soll der Gros Caillou ein Block aus der Eiszeit sein.

○**194** [ci] **Café du Gros Caillou** ⊕⊕, 180 bdv. de la Croix-Rousse, 11.30–23 Uhr, Metro Croix-Rousse

findet man in der Passage Thiaffait [D2]. Ein **Schleichweg zur Überwindung der Höhenunterschiede** führt durch das Treppenhaus des Cour des Voraces, einer von Lyons berühmtesten Traboules (s. S. 14). Der Hof ist nach einer sozialistischen Seidenweberbruderschaft benannt, die sich „die Gefräßigen" nannte und sich bei den Aufständen 1848 kämpferisch engagierte. Der Weg führt von der Place Colbert zur Rue Imbert-Colomès 29.

Wer weiter „traboulieren" möchte: Gegenüber von Haus Nr. 20 erreicht man die Rue des Tables-Claudiennes (Nr. 50). Klappt **am besten mit einer Führung,** weil die Türen inzwischen mit Codes versehen wurden und man sonst warten muss, bis ein Bewohner öffnet. Wer einfach die Treppen der Montée bis nach oben geht, kommt auf den Boulevard de la Croix-Rousse, der Lebensader des Plateaus.

❯ Metro: Trois-Paquet

㉖ MAISON DES CANUTS ★★ [G4]

Shop für Seidenaccessoires und Museum für Webtechniken.

Da schieben flinke Hände Weberschiffchen hin und her und erzeugen fast magisch Farbtupfer im Stoffmuster. An Tausenden von Handwebstühlen mit Elektromotoren verdienten sich Lyons Seidenweber, die *canuts,* auf diese Weise in mühseliger Handarbeit ihr Brot. Das laute, rhythmische Klappern der Webstühle, das zur Blütezeit der Seidenweberei auf den Straßen von La Croix-Rousse zu hören war, nannte der Volksmund lautmalerisch *bistanclaques.*

Heute kann man in diesem privaten Museum **Vorführungen historischer Webtechniken** erleben. Ein originaler Jacquard-Webstuhl ist ebenfalls zu bewundern. Mit dieser Erfindung leitete Joseph-Marie Jacquard Anfang des 19. Jh. die Mechanisierung ein. Sein Webstuhl konnte mit Nadeln Lochkarten abtasten: Wo ein Loch war, hob sich der Faden, wo keins war, senkte er sich. Diese frühe

Jardin Rosa Mir

In dem kleinen Muschelgarten kommt man sich vor wie in Barcelonas Parc Güell. Antoni Gaudí war das Vorbild des Maurers bei der Gestaltung seines verwunschenen Steingartens, dem er den Namen seiner spanischen Mutter gab. Ist ein wenig abgelegen, wird Gartenfans aber gefallen.

●**195** [ci] **Jardin Rosa Mir,** 83 Grande rue de la Croix–Rousse, April–Nov. Sa 15–18 Uhr, Eintritt: 5 €, http://rosa.mir.free.fr/, Metro: Croix-Rousse

Anwendung des **Prinzips der Digital-technik** ermöglichte es, Stoffmuster beliebiger Komplexität mechanisch herzustellen.

❯ 10, rue d'Ivry, Metro: Croix-Rousse, www.maisondescanuts.com, Tel. 04 78286204 (auch auf Englisch), Di-Sa 10-18.30 Uhr, Eintritt: 6 €, Kinder 3 €

 KIRCHE ST-BRUNO LES CHARTREUX ★ ★ [A1]

Barockes Schmuckstück.

Wie in dem Film „Die große Stille" (2005) von Philip Gröning, der in der Grande Chartreuse gedreht wurde, dem Mutterkloster der Kartäuser im Département Isère, lebten die Mönche einst auch in Lyon. Heute sind von Lyons früherem Kartäuserkloster nur noch die barocke Kirche, ein Klostergang und ein Friedhof übrig. Die neubarocke Fassade stammt aus dem 19. Jahrhundert. Das Kreuz und die Weltkugel auf der Kuppel in 39 m Höhe sind die Symbole des Ordens. Von innen ist die Kirche angenehm hell und aufwendig in **strahlend barocker Pracht** restauriert. An der Gestaltung beteiligt waren Ferdinand Delamonce und später Germain Soufflot. Highlight dieses friedlichen, mit Gold ausgeschmückten Gottespalasts ist der Baldachin des italienischen Baumeisters Servandoni über dem großen Altar. Sockel und Säulen sind aus Marmor, die Darstellung des „Himmels", der nicht allzu schwer werden durfte, besteht aus Holz, Pappmaschee und edlem Stoff.

❯ 56 rue Pierre Dupont, Metro Croix-Rousse oder Bus 13 ab Hôtel de Ville bis Clos-Jouve, Mo-Sa 15-17, So 10-12 Uhr, Führungen über das Office du Tourisme (s. S. 110)

ENTDECKUNGEN AUSSERHALB DES ZENTRUMS

㉘ LA CITÉ INTERNATIONALE ★ [dh]

Renzo Piano baute dieses moderne Wohn- und Kongressviertel.

Etwa 500 Nobelappartements in der Nähe von Interpol und dem Parc de la Tête d'Or, ein Multiplexkino, das Museum für zeitgenössische Kunst, Lyons Hilton und weitere Hotels sowie ein Kasino bilden Lyons Cité Internationale, die sich über eine Länge von 2,2 km erstreckt. Renzo Piano erbaute sie mit viel Glas, Raum, Licht und Luft parallel zur Rhône auf dem ehemaligen Kongressgelände. Die 750 m lange, überdachte Rue Intérieure führt wie eine Fußgängerzone durch den 2006 fertiggestellten Komplex, der nach zehnjähriger Bauzeit rund 635 Mio. Euro verschlungen hatte. Dazu gehört auch das nachts

EXTRATIPP

Les Brotteaux

Zwischen La Part Dieu und dem Parc de la Tête d'Or erstreckt sich Les Brotteaux, das Wohnviertel der Reichen. Großzügige Villen aus dem 19. Jh. reihen sich an langen Avenuen ebenso wie Konsulate, Botschaften und Institutionen. Der restaurierte Bahnhof zieht Genießer und Nachtschwärmer an. Cours Vuitton und Cours Franklin Roosevelt sind schicke Wohn- und Shoppingadressen. Hier geht es extravagant und im Vergleich zum Vieux Lyon **komplett untouristisch** zu.

eindrucksvoll beleuchtete Grand Amphithéâtre mit 4000 m² und einem Saal für Großveranstaltungen und Konzerte, der sich an der Innenwand komplett öffnen lässt. Ein Abstecher zur Cité lohnt für Architekturinteressierte in Kombination mit einem Besuch des Parc de la Tête d'Or.

❯ Tram C1 ab Part-Dieu

㉙ PARC DE LA TÊTE D'OR UND ZOO ★★ [di]

Weite Wiesen, ein See und ein frei zugänglicher Zoo.

Ein Ausflug in Lyons weitläufigen Stadtpark (105 ha) bietet sich mit dem Fahrrad an. Man erreicht ihn z. B. von Bellecour nach ca. 20-minütiger Fahrt am Rhône-Ufer entlang. Es gibt sieben Eingänge und mehrere Vélo'v-Stationen für **städtische Leihfahrräder** (s. S. 114). Tête d'Or hieß der Bauernhof, der sich einst auf dem Gelände befand, in dem der Park nach dem Vorbild eines englischen Landschaftsgartens entstand.

Größte **Attraktion für Familien** sind die Wildgehege und der frei zugängliche Zoo. Die Gehege der weit über 1000 Wildtiere liegen im Park verteilt. In der sogenannten afrikanischen Ebene leben viele Tiere aus Afrika in einem Gemeinschaftsgehege.

Pflanzenliebhaber zieht es in den landesweit bekannten **Rosengarten** mit über 350 für Wettbewerbe gezüchteten Rosenarten, die von Juni bis Oktober blühen. Nicht nur bei Regen kann man sich in den Gewächshäusern mit den tropischen Pflanzen umsehen. Das größte ist 30 m hoch. Der botanische Garten umfasst 6 ha.

Ein alter Rhône-Arm ist heute ein 16 ha großer **See mit zwei Inseln.** Ein unterirdischer Gang führt auf die Schwaneninsel in der Nähe der goldenen Gitter des Haupteingangs an der Place du Général Leclerc. Ein Monument von Tony Garnier erinnert hier an die Gefallenen des Ersten Weltkriegs. Über die große Insel im hinteren Teil des Parks gelangt man zur Radrennbahn, wo es zuweilen ganz schön laut werden kann. Rudern und Tretbootfahren, lange Sonntagsspaziergänge, ein Picknick auf der Wiese

◀ FORMEL 1 UND SPA BEI IWAY IN VAISE

*Formel-1-Fans können mit 330 km/h über den Ring rasen, während sich die Begleitung im Spa eine Gesichtspflege oder eine Rückenmassage und Atempause im Hammam gönnt. Erstaunlich, dass man im **Wellnessbereich** den ohrenbetäubenden Lärm der Motoren nicht hört. Licht dringt weder in den einen, noch in den anderen Teil der dunklen Halle. Man muss es schon mögen, aber die Fans von Formel-1- und Rallyesport (60-500 €) reisen für das - recht anstrengende - Erlebnis an einem der 18 Simulatoren Hunderte von Kilometern an. Parallel wird **Sicherheitstraining** geboten.*

❯ *iway, 4 rue Jean Marcuit, Metro Gare de Vaise, www.i-way.fr*

oder ein Besuch im Kaspertheater an der Place de Guignol – so verbringen Lyoner Familen seit eh und je ihre Freizeit im Stadtpark.

❯ Tram C1 ab Part-Dieu

㉚ DIE GRATTE CIEL IN VILLEURBANNE ★ ★   [fj]

Eine eigene Stadt im Großraum Lyon mit avantgardistischer Architektur aus den 1930er-Jahren.

Die Grenzen zwischen Villeurbanne und Lyon sind fließend. Mit 139.000 Einwohnern kein Stadtteil Lyons, sondern im nationalen Vergleich eine der größten Städte der französischen *banlieus*. Sehenswert sind die Gratte Ciel. Allerdings sind diese sechs Hochhäuserblocks mit zwei 60 m hohen Türmen (19 Etagen) keine

„Wolkenkratzer" im Stil von Gropiusstadt oder gar wie in New York. Die bis heute **mustergültigen Sozialwohnungen** erbaute der Architekt Môrice Leroux zwischen 1927 und 1931. Sie hatten von Anfang an Elektrizität, warmes Wasser, Badezimmer, Zentralheizung und Aufzüge.

Nachdem die Textilindustrie boomte und zahlreiche Zuwanderer kamen, ließ Villeurbannes damaliger Bürgermeister Lazare Goujon ein komplett neues, avantgardistisches Stadtzentrum errichten. 1450 hygienisch vorbildliche Wohnungen entstanden entlang einer breiten Avenue und einem Platz ebenso wie ein neues repräsentatives **Rathaus im Art-Déco-Stil** (von Grand-Prix-de-Rome-Preisträger Robert Giroud), ein Palais du Travail (wird derzeit restauriert) mit Gewerkschafts-, Kurs- und Versammlungsräumen, einem Theater, einer Arbeiteruni und einem Schwimmbad.

Ab dem achten Stockwerk charakterisieren Stufen die Hochhäuser. Dank ihnen konnte trotz Beschränkung der Bauhöhe so viel Wohnfläche wie möglich gewonnen werden. So gelangt auch mehr Licht in die Häuser und viele Wohnungen haben Dachterrassen. Die meisten Häuser haben neun bis elf Stockwerke. Die blendend weißen Fassaden sind nicht aus Beton, sondern die **nach amerikanischem Vorbild** mit Ziegelsteinen gefüllten Metallstrukturen wurden mit Zement ausgefüllt.

Zwei der Hochhausblocks münden auf die zentrale Place Lazare Goujon.

◀ *Blick vom Rosengarten im Parc de la Tête d'Or* ㉙ *zur Cité International* ㉘ *von Renzo Piano*

EXTRATIPP

047y Abb: ps

Ausflug nach Vienne

Von den oberen Rängen des **römischen Theaters** in Vienne (38 km von Lyon) reicht der Blick über die Dächer, die Rhône und grüne Hügel. Am schönsten ist es dort bei Sonnenuntergang und zu den Klängen des jährlichen Jazzfestivals Ende Juni/Anfang Juli (www.jazzavienne.com) (s. S. 11). Hier spielen international bekannte Jazzgrößen aller Kontinente und Stilrichungen, aber auch populäre Vertreter der Weltmusik wie Youssou N'Dour. Ein Blick ins Programm lohnt absolut. Kleinere Bands spielen bereits ab dem Nachmittag am Theater, im archäologischen Garten und vor den Cafés am römischen Tempel, dem zweiten dieser Art in Frankreich nach dem Maison Carré in Nîmes.

Die **Kathedrale St-Maurice** zieht mit gotischen und romanischen Elementen Besucher an, an der Rhône liegt ein Kreuzgang aus dem 12. Jh. ein kurioses Kunstmuseum, und es gibt viele Einkaufsmöglichkeiten. Und wer die Rhône-Brücke überquert, kommt ins ebenso interessante St-Romainen-Gal (s. S. 55).

Man braucht das Rathaus nicht von außen zu umrunden, sondern kann es ruhig durchqueren. So gelangt man auf die Avenue Henri Barbusse zwischen den Gratte Ciel mit etlichen Läden, Brasserien und Cafés. Donnerstags ist in Villeurbanne ein **kleiner Wochenmarkt.**

❯ Infos und Führungen (Musterwohnung)
Le Rize, 23–25 rue Valentin-Hauy,
lerize@mairie-villeurbanne.fr,
Metro: Gratte Ciel

㉛ MUSÉE LUMIÈRE ★ ★ ★ [fm]

Zu Hause bei den Brüdern Lumière in Monplaisir: Das Musée Lumière in der Jugendstilvilla der Familie, die Vater und Hobbyarchitekt Antoine selbst entwarf, zeigt eine spannende Filmdokumentation über das Leben der berühmten Brüder Lumière (s. S. 67 Exkurs) sowie 80 ihrer Kurzfilme – vom nationalen Filmarchiv CNC restauriert und teilweise auch kommentiert.

Erstaunliche 1500 Kurzfilme produzierten die Kameramänner, die als Erste ihrer Zunft im Auftrag der Brüder Lumière durch die Welt reisten. Ausgestellt sind Fotos von Gabriel Veyre, der als einer der talentiertesten galt. Er filmte und fotografierte in Mexiko, Japan, Indochina, Kanada und in Marokko, wo er seinen Lebensabend verbrachte.

Im Museum sind auch der bahnbrechende Kinematograf 1 zu sehen und die **historischen Apparate**, die ihm vorausgingen. Einige der Geräte kann man in interaktiven Schaukästen auf Knopfdruck in Bewegung setzen. Staunen lässt auch die Replik des Fotoramas, von Louis Lumière 1901 erfunden, um 6 m hohe Fotos mit einem Blickwinkel von 360 Grad vorzuführen. Kurios ist der Raum mit den Erfindungen der Brüder, die gar nicht mit Film und Fotografie zu tun hatten, z. B. manuelle Prothesen, eine sogenannte Kralle mit Fingern und Gelenken sowie ein Wundbrandpflaster. Die Exponate stammen aus der Sammlung des Museumsinitiators Paul Génard. Besucher der Villa, die mit seiner Hilfe vor dem Verfall gerettet wurde, tauchen wahrlich ein in die Welt der Lumières.

Zu sehen sind auch **ganz private Impressionen des Familienlebens:** Fotografien aus der Zeit um 1900 von Augustes Ehefrau Marguerite Winckler-Lumière. Im Schlafzimmer des Vaters stehen noch originale Möbel aus dem Familiennachlass. Er lebte bis 1911 in der Villa und man sagt ihm nach, das Geldausgeben sei eine seiner besonderen Stärken gewesen. Der ehrgeizige Porträtfotograf zog mit seiner Familie 1870 nach Lyon, wo er den Forscherdrang seiner Söhne förderte und sie zugleich zur Weiterentwicklung und Fabrikation fotografischer Platten anhielt. Mit 300 Angestellten produzierte die Familie 15 Millionen solcher Platten pro Jahr, bevor der Kinematograf sie 1895 ins Filmgeschäft katapultierte und ihre Gewinne ihnen weitere Villen an der Côte d'Azur einbrachten. Dennoch entwickelten sie auch ihre Platten weiter, die qualitativ hochwertige Farbfotografien ermöglichten. Lumière-Autochromplatten für die Farbfotografie wurden bis 1932 verkauft, als emulsionsbeschichtete Farbfilme von Agfa, Kodak und Co. sie ersetzten.

› 25 rue du Premier Film, Metro Monplaisir Lumière, Tel. 04 78 78 18 95, Di–So 11–18.30 Uhr, Eintritt 6 €, Audioguide auf Deutsch plus 3 €

㉜ MUSÉE URBAIN TONY GARNIER ★★★ [en]

Von der UNESCO ausgezeichnete Wandmalereien zur Vision einer idealen Stadt verteilen sich auf insgesamt 5.600 m² Fläche auf den Wänden des Quartier des États-Unis aus den 1930er-Jahren, erbaut von Tony Garnier (1869–1948).

Teil der Führung ist der Besuch des mit originalem Mobiliar der damaligen Zeit eingerichteten **Musterappartements für Arbeiter** mit zwei Zimmern und Küche. Über 20.000 Besucher verzeichnet das Museum im Jahr und viele weitere durchstreifen die Siedlung auf eigene Faust.

Am interessantesten sind die Wandmalereien selbst, geschaffen von den Künstlern der Cité de la Création (s. S. 56) in Kooperation mit den Bewohnern. Dargestellt sind vor allem Tony Garniers Visionen der Cité Idéale (s. S. 106, Exkurs). Man sieht auch die Villa des baufreudigen Visionärs in St-Rambert, die seine Vorliebe für Mediterranes wie griechische

TONY GARNIER: PIONIER DES SOZIALEN WOHNUNGSBAUS

*Lyon ist stolz auf den 1869 in der Stadt geborenen Tony Garnier. 1903 bekam er den Prix de Rome, es folgte ein Aufenthalt in der Villa Medici. In einer Zeit, als Stahl und Beton noch als revolutionär galten, realisierte der **Architekt** in Lyon große Bauprojekte wie die Veranstaltungshalle Tony Garnier, das Stadion von Gerland, die Sozialwohnungen im Quartier des États-Unis sowie mehrere Villen und ein Krankenhaus.*

*Internationalen Ruhm erlangte er durch seine **städtebauliche Studie zur idealen Industriestadt,** der fiktiven Cité Idéale. Sie findet man heute auf den Wandmalereien des Musée Tony Garnier wieder: Umgeben von Flüssen und Hügeln erinnert sie sehr an Garniers Heimat Lyon. Ein futuristisches Design und hohe Gebäude, die an den Eiffelturm denken lassen, hat*

vor allem das Bahnhofsviertel. Ein monumentaler Uhrenturm überragt das Verwaltungsviertel. In dieser dennoch erfundenen Stadt werden die Funktionen Arbeit, Wohnen, Erholung und Verkehr klar voneinander getrennt, wenn möglich durch Baumreihen oder Parks. Auf Wegenetzen sollen die Bewohner ihre Stadt zu Fuß frei durchqueren. Der Verzicht auf Zäune und Barrieren gehörte zu Garniers sozialistischem Traum. In seinen geräumigen Wohnungen hielt Tageslicht Einzug und sie bekamen Badezimmer.

*Garnier ließ sich bei seinen Entwürfen von Émile Zolas Roman „Arbeit" inspirieren und unterstrich somit den politischen Anspruch seiner **Visionen,** seinen Beitrag zur gesellschaftlichen Verbesserung als Architekt. Pionierarbeit leistete er mit dem Bau der Sozialwohnungen im Quartier des États-Unis.*

Säulen verrät. In den Abattoirs, den früheren Schlachthäusern, die er zu den heutigen Halles Tony Garnier umbaute, schüttelt Garnier beim Viehmarkt Bürgermeister Edouard Herriot die Hand, der ihn im Zuge der Stadtsanierung ab 1905 mit großen Bauprojekten bedachte. 1991 zeichnete die UNESCO dieses **multikulturell bewohnte Freilichtmuseum** für Städtebau mit dem Label „Weltdekade für kulturelle Entwicklung" aus und finanzierte weitere Wandmalereien von sechs Künstlern aus Mexiko, Russland, den USA, Ägypten, der Elfenbeinküste und Indien.

Die Cité Tony Garnier und vier weitere avangardistische Architektur-Highlights in und um Lyon werden unter **www.utopies-realisees.com**

multimedial vorgestellt, darunter das Quartier des Grattes-ciel in Lyon sowie das Couvent de la Tourette in Eveux und Firminy-Vert von Le Corbusier. In Givors baute Jean Renaudie die Cité des Etoiles. Für Architektur-Enthusiasten lohnt vielleicht auch ein Abstecher zu diesen weiter außerhalb liegenden Projekten.

❯ 4 rue des Serpollières, Tram T2 bis Bachut, Tel. 04 7875, 1675, www.museeurbaintonygarnier.com, Di–Sa 14–18 Uhr, mit Audioguide auf Deutsch, Führungen Di–Fr 14.30, Sa 14.30 und 16.30, Eintritt: 8 € mit Führung, 5 € mit Audioguide, Musterwohnung 3 €

PRAKTISCHE REISETIPPS

AN- UND RÜCKREISE

MIT DEM AUTO

Von Paris aus fährt man über die Autobahn A6 oder die Nationalstraßen N6 oder N7 in gut vier Stunden (461 km) nach Lyon. Über Genf erreicht man das 152 km entfernte Lyon über die A40, A42 oder N84. Grenoble ist nur 129 km entfernt, Annecy 165 km. Wer mit dem Auto reist, ist vor Ort wesentlich flexibler und kann auch vor oder nach einem längeren Frankreichurlaub einen **Zwischenstopp in Lyon einlegen.**

Ebenso sind von Lyon aus **Ausflüge in die Umgebung** leichter möglich, wie ins Beaujolais (s. S. 28) oder in die Feuchtgebiete der Dombes, ein Paradies für Ornithologen. In Zusammenarbeit mit dem Vogelpark von Villars les Dombes (www.parc-des-oiseaux.com) entstand hier der Film „Das Geheimnis der Zugvögel" von Jacques Perrin. Direkt ins Mittelalter entführt ein Ausflug nach Perouges mit Wehrkirche und Fachwerkhäusern. Perouges wurde zu einem der schönsten Dörfer Frankreichs erklärt, ist verkehrsberuhigt und war Drehort für „Die drei Musketiere" und „Fanfan der Husar".

MIT DEM ZUG

Auskünfte zu Zügen aus Deutschland, Österreich und der Schweiz bekommt man online unter www.bahn.de, www.oebb.at, www.sbb.ch. Als Alternative zum **ICE von den meisten deutschen Bahnhöfen** kommt man von Köln aus besonders schnell (3:30 Std.) mit dem Thalys nach Paris (www.thalys.com) und kann dann in den TGV umsteigen. Der Hochgeschwindigkeitszug hält an den beiden zentral gelegenen Bahnhöfen Part-Dieu und Perrache (näher an der Altstadt) und am Flughafen Lyon Saint Exupéry.

2012 soll die nächste Generation schneller AGV-Züge über die Trasse Rhein-Rhône von Frankfurt aus in 3:15 Std. nach Lyon befördern. Bisher fährt man von Frankfurt aus ebenfalls über Köln nach Lyon und braucht für die Reise ca. 8 Std. Von München aus geht es mit mehrmaligem Umsteigen über Basel und Genf innerhalb von ca. 9–10 Std. Von Zürich aus braucht man mit dem Zug 4 bis 5 Std. **Mit dem TGV** ist Lyon von größeren französischen Städten (Marseille 1:30 Std., Paris 1:55 Std., Straßburg 3:15 Std.) sowie von Brüssel (3:30 Std.) und London (5 Std.) leicht zu erreichen.

MIT DEM FLUGZEUG

Der Flughafen Lyon Saint Exupéry ist 25 km vom Stadtzentrum entfernt. Er wird von Air France, Lufthansa, KLM und Swiss International Airlines angeflogen. EasyJet fliegt von Berlin-Schönefeld aus.

Der **Rhôneexpress** fährt vom TGV-Bahnhof des spanischen Architekten Santiago Calatrava am Flughafen in weniger als 30 Minuten zum Bahnhof Part-Dieu [ek] in Lyon. In den Kernzeiten (6–21 Uhr) fährt er im Viertelstundentakt. Die erste Bahn von Part-Dieu fährt um 5 Uhr morgens, um 23.30 Uhr fährt die letzte Bahn. Ein einfaches Ticket kostet 13 €, bis 25 Jahre 11 €, Kinder bis 12 Jahren fahren gratis. Für Hin- und Rückfahrt bezahlt man 23 bzw. 19 €.

❯ www.rhonexpress.fr

◀ *Vorseite: Der Hof des Musée des Beaux-Arts* **15** *ist immer für eine Orientierungspause gut*

Wer Wartezeiten überbrücken muss, kann sich vor dem Einchecken im Espace Nicolas Le Bec Kreationen des jungen Sternekochs genehmigen oder einen neugierigen Blick riskieren. Das Gepäck kann man im ersten Stock der zentralen Halle in Aufbewahrung geben. Dort gibt es auch ein Fundbüro (Tel. 04 72227428).

●**240** Flughafen Lyon Saint Exupéry, www.lyon.aeroport.fr

BARRIEREFREIES REISEN

Theater, Konzertsäle und Bibliotheken sind in Lyon barrierefrei. Viele Hotels und die meisten großen Museen in Lyon wie das Musée Gadagne ❷ sind **auf Menschen mit Behinderungen eingerichtet** und gewähren zudem Ermäßigungen.

Das Musée des Beaux-Arts ⓯ bietet Führungen für Gehörlose und Schwerhörige sowie Blinde an. Das Musée de l'Imprimerie (Museum für Druckkunst) (s. S. 54) sieht eine besondere Begleitung für Personen mit eingeschränkter Sinneswahrnehmung vor. Im Musée des Tissus (Museum für Stoffe) ㉓ werden Besichtigungen organisiert, bei denen ausgewählte Stoffe angefasst werden können. Das Tourismusbüro (s. S. 110) bietet einen **Stadtführer in Blindenschrift** an und über seine Webseite kann man sich eine Auswahl barrierefreier Restaurants und Hotels anzeigen lassen und erfährt weitere Details zu den Angeboten der Museen.

▶ *Beim Shoppen hält man am besten nach Ermäßigungen Ausschau*

DIPLOMATISCHE VERTRETUNGEN

●**241** [di] **Generalkonsulat der Bundesrepublik Deutschland**, 33 Boulevard des Belges, 69006 Lyon, Tel. 04 72699898, Fax 04 72430694, www.lyon.diplo.de, Mo–Fr 8.30–11.30 Uhr

●**242** [ek] **Österreichisches Generalkonsulat**, 27 rue de la Villette, 69003 Lyon, Tel. 06 30939274, consulat.a.lyon@wanadoo.fr, Mo und Do 10–12 Uhr

●**243** [ej] **Schweizer Generalkonsulat**, „Le Colysée", 4 place Charles Hernu, 9100 Villeurbanne, Tel. 04 72757910, Fax 04 72757919, www.eda.admin.ch/lyon, Mo–Fr 10–12, Mo–Do 14–16 Uhr

GELDFRAGEN

In Lyon gilt der Euro und es werden fast überall Bank- und Kreditkarten akzeptiert. Lyon ist wesentlich **preiswerter als Paris**, aber keine günstige Stadt. Dennoch findet man ein breites

053ly Abb. : ps

LYON PREISWERT

Erhebliche Preisvorteile bieten die **Lyon City Card** *(s. S. 16) und das An-gebot* **Les Weekends fous de Lyon,** *bei dem man an Wochenenden auf die zweite Übernachtung 50 % Preis-nachlass erhält und außerdem die Lyon Card günstiger bekommt. Bei-des erhältlich beim Office du Touris-me (siehe unten). Bei rechtzeitigen Buchungen per Internet bekommt man mit etwas Glück günstige Pau-schalpakete.*

Mittagessen ist im Restaurant we-sentlich günstiger als Abendessen. Der Wochenmarkt auf dem Boule-vard de la Croix-Rousse (s. S. 99) gilt als einer der preiswertesten und Schnäppchen findet man auch auf dem Flohmarkt Les Puces du Canal (s. S. 23 Exkurs). Bücher und CDs gibt es günstig bei den Bouquinis-ten am Quai de la Pêcherie (s. S. 18) oder in der Rue de Brest. Die Attrak-tionen beim Lichterfest (s. S. 13) oder dem Festival Tout l'monde dehors (s. S. 11) sind gratis.

Zu den **preiswertesten Vier-teln** *zählt La Guillotière und in der Nähe der Université Lumière 2 gibt es preiswerte Mittagsmenüs für Stu-denten ab 7,50 €.*

Spektrum an Angeboten von der Ju-gendherberge bis zum Luxushotel und vom Secondhand-Schnäppchen auf dem Flohmarkt bis zu Haute-Cou-ture-Preisen für Markenkleidung. Ein Glas Wein bekommt man ab 3,50 €, Cocktails kosten ca. 12 € und Mit-tagsmenüs sind ab ca. 10 € zu ha-ben. Die Preise in den Supermärkten entsprechen dem europäischen Durchschnitt.

INFORMATIONSQUELLEN

INFOSTELLEN ZU HAUSE

Atout France (Französische Zentrale für Tourismus)

› **in Deutschland:** Zeppelinallee 37, 60325 Frankfurt am Main, Tel. 09 001570025 (mindestens 0,49 €/Min.), info.de@franceguide.com, www.franceguide.com
› **in der Schweiz:** Rennweg 42, 8021 Zürich, Tel. 0442174600, info.ch@franceguide.com, www.ch-de.franceguide.com
› **in Österreich:** Lugeck 1/1/7, 1010 Wien, Tel. 09 00250015 (0,68 €/Min.), info.at@franceguide.com, www.at.franceguide.com

INFOSTELLEN IN DER STADT

› ❶ **244** [D6] **Office du Tourisme Lyon (Frem-denverkehrsamt),** place Bellecour, BP 2254, 69214 Lyon cedex 02, Tel. 04 72776969, www.de.lyon-france.com, tgl. 9 – 18 Uhr (außer dem 25. Dez. und 1. Jan.)
› ❶ **245** [C6] **Goethe-Institut: Centre Cultu-rel Allemand Lyon,** 18 rue François Dau-phin, 69002 Lyon, Tel. 04 72770888, Fax 04 72409155, www.goethe.de/lyon

LYON IM INTERNET

› **www.lyon-france.com:** Webseite des Of-fice du Tourisme Lyon, auch auf Deutsch (Infos, Hotels, Restaurants, Führungen, Eintrittskarten)
› **www.rhonealpes-tourisme.de:** Webseite von Rhône-Alpes Tourisme auf Deutsch (für die Region Rhône-Alpes)
› **www.de.franceguide.com:** deutsche Webseite des Maison de la France (Tourismus in Frankreich)
› **www.lyon.fr:** Website der Stadt Lyon, auch auf Englisch

> **www.culture.lyon.fr:** Kulturportal Lyons mit Veranstaltungskalender, auch auf Englisch

> **www.rhonealpes.tv:** Über 1000 Fernsehreportagen von Rhône-Alpes Tourisme im Internet, auch auf Englisch. Es gibt unten auf der Seite eine Suchmaschine. Dort kann man das gewünschte Thema eingeben.

> **www.rhone-alpes-cinema.fr:** Infos, Videos und Making-ofs (auch auf Englisch) von über 150 Kinofilmen, die der Region Rhône-Alpes gedreht wurden.

> **www.lyontraboules.net:** nur auf Französisch, aber mit Karten und fünf Routenvorschlägen zum „Traboulieren" (s. S. 14) in Lyon

> **www.progroscope.com:** Veranstaltungs- und Terminkalender der Tageszeitung Le Progrès, nur auf Französisch

▲ *Das Office du Tourisme an der Place Bellecour* ㉑ *gibt hilfsbereit Auskunft. Hier starten auch die Stadtführungen.*

PUBLIKATIONEN UND MEDIEN

Brauchbare **Stadtpläne und Karten** der Region Rhône-Alpes bekommt man beim Office du Tourisme (s. S. 110) oder zu Hause im Fachhandel.

Über **Veranstaltungen und Lokales** informiert die Tageszeitung Le Progrès (www.leprogres.fr). Zudem werden die kostenlosen Anzeigenzeitungen 20 Minutes und Métro verteilt. Zu den weiteren Gratiszeitungen auf Französisch mit Veranstaltungstipps zählen A nous Lyon und Lyon gratuit. Das kostenlose Wochenmagazin Le Petit Bulletin (www.petit-bulletin.fr) enthält Veranstaltungs- und Ausgehtipps. Ausführlicher ist das am Kiosk erhältliche Lyon poche (1 €, www.lyonpoche.com), das Pendant zum Pariser Pariscope. Monatlich erscheint das politische Magazin Lyon Capitale (2,50 €, www.lyoncapitale.fr).

Zu den lokalen Radiosendern zählen Radio Scoop (92,0), Sun FM (101,5) und Impact FM (106,3). Unter www.rhones-alpes-tv findet man **Reportagen und Berichte** über Lyon und die Region Rhône-Alpes, auch auf Englisch.

MEINE LITERATURTIPPS

Ins Deutsche übersetzte Romane, die in Lyon spielen - Fehlanzeige.

› *Wer Glück hat, kann über Amazon eine alte, französischsprachige Ausgabe des Buchs „Claudine de Lyon" von Marie-Christine Helgerson erstehen. Die Geschichte der Tochter eines Seidenwebers aus Lyon hat schon zahlreiche französische Kinder begeistert.*

› *Eine Rarität ist auch „Der kleine (Herr) Dingsda" alias „Le Petit Chose" von Alphonse Daudet, eine Geschichte aus der Jugend dieses französischen Schriftstellers in Lyon.*

› *Geschichtsinteressierte, die Lyons blutige Geschichte während der Französischen Revolution kennenlernen möchten, ist Stefan Zweigs „Joseph Fouché: Bildnis eines politischen Menschen" zu empfehlen.*

› *François Rabelais arbeitete nicht nur als Arzt in Lyons Hôpital de Dieux, sondern verfasste hier auch große Teile seiner Romane „Gargantua und Pantagruel". Er erschien 1537 als Erstes in Lyon, und betont den Hang dieser Stadt zum Kulinarischen. Einige Illustrationen von Gustave Doré.*

INTERNET UND INTERNETCAFÉS

Internetcafés gibt es vor allem im Vieux Lyon, am Fuß der Pentes de la Croix-Rousse oberhalb der Oper und in La Guillotière. WiFi-Spots sind an der Tür oder am Fenster entsprechend gekennzeichnet.

@**196** [C3] **Cyber Lounge**, 12 rue Lainerie, tgl. außer Di 10–22 Uhr. In der Altstadt.

@**197** [C3] **Librairie Culture-Café**, 16 quai de Bondy, www.book-livre.com, Di–So 10.30–19.30 Uhr. Café und PCs in einem Buchladen.

@**198** [D2] **Planète Net Phone**, 21 rue Romarin, tgl. 9–23.30 Uhr. Oberhalb der Oper.

▶ *Kasperfiguren (s. S. 76) aus Lyon sind auch schöne Souvenirs*

MEDIZINISCHE VERSORGUNG

Lyons Krankenhäuser, Ärzte und Apotheken entsprechen dem europäischen Standard. Wer in einem EU-Land oder der Schweiz versichert ist, kann erforderliche Leistungen bei Ärzten, Zahnärzten und in Krankenhäusern in Anspruch nehmen. Als Anspruchsnachweis ist die **Europäische Krankenversicherungskarte** (European Health Insurance Card) vorzulegen. Außerdem sollte man den Personalausweis mitnehmen. Eine **Auslandskrankenversicherung** ist zusätzlich sinnvoll, da beispielsweise ein eventueller Krankenrücktransport von deutschen Krankenkassen nicht übernommen wird. Man muss in der Regel Kosten vor Ort zunächst selbst bezahlen, deshalb unbedingt eine detaillierte Rechnung für die Krankenkasse zu Hause ausstellen lassen.

Krankenhaus:
⊕**199** [D8] **Hôpital St Joseph – St Luc,**
20 Quai Claude Bernard, Tel. 04
78618000

Apotheken mit Nacht- und Sonntags-
dienst (tgl. rund um die Uhr geöffnet,
nachts Gebühren):
⊕**200** [E3] **Pharmacie Blanchet,** 5 place
des Cordeliers, Tel. 04 78421242
⊕**201** [F1] **Pharmacie Perret,** 30 rue
Duquesne, Tel. 04 78937096

MIT KINDERN UNTERWEGS

Lyon ist eine kinderfreundliche Stadt
mit vielen Grünflächen und Parks. Spiel-
geräte findet man z. B. an der Place
Bellecour ㉑ und am Rhône-Ufer.

› Im Sommer erfrischt ein Besuch im Freibad **Piscine du Rhône** (s. S. 60) direkt an
der Rhône selbst.
› Für die etwas Größeren eignet sich der
Kletterpark Fourvière-Aventure (s. S. 87).
› Die Kleinen kommen im Streichelzoo
oder im Zoo des Parc de la Tête d'Or auf
ihre Kosten, in dem es auch eine Open-
Air-Kaspertheaterbühne gibt.

Auch viele Museen bieten Programme
für Kinder.
› Besonders kinderfreundlich sind u. a.
das **Musée Gadagne** ❷ und das
› **Musée des Automates** (s. S. 53).
› Im **Musée gallo-romain** ⓬ kann man
auf den Spuren der Römer wandeln und
danach in einem römischen Theater
picknicken.

Teenies haben sicher viel Spaß an
der **Fête de la Lumière** (s. S. 13).

NOTFÄLLE

Verloren gegangene Kredit- oder EC-Karten sollte man umgehend per Anruf beim zentralen Sperrannahmedienst für Debitkarten (z. B. girocard-Karten, Maestro-Karten, BankCards, SparkassenCards) unter Tel. 0049 (0)1805021021 (14 Cent/Min.) oder aber beim zentralen Sperrnotruf unter Tel. 0049 116116 oder 0049 30 40504050 (gebührenpflichtig, hier auch Kreditkartensperrung möglich) melden. Details finden sich unter www.sperr-notruf.de. In Österreich und der Schweiz gibt es keine zentrale Sperrnummer, daher sollten sich Besitzer von in diesen Ländern ausgestellten EC- oder Kreditkarten vor der Abreise bei ihrem Kreditinstitut über den zuständigen Sperrnotruf informieren. Es empfiehlt sich, vor der Reise die individuellen Kartensperrnummern, die auf einem Merkblatt bzw. der Kartenrückseite verzeichnet sind, gesondert zu notieren.

❯ **Weitere Infos:** www.kartensicherheit.de

NOTRUFNUMMERN

❯ **Polizei:** Tel. 17
❯ **Feuerwehr:** Tel. 18
❯ **Medizinischer Notdienst:** Tel. 15
❯ **Fundbüro:** Tel. 04 72227428 (am Flughafen), Tel. 04 78477289 (Fundbüro der Stadt)
❯ **Notarzt:** Tel. 04 78835151
❯ **Vergiftungen und Drogenmissbrauch:** Tel. 04 72116911
❯ **Nächtlicher zahnärztlicher Notdienst:** Tel. 04 72100101
❯ **Kindernotdienst:** Tel. 08 20082069
❯ **Zentraler Kartensperrdienst:** 0049 116116

ÖFFNUNGSZEITEN

Die öffentlichen Einrichtungen in Lyon sind im Allgemeinen von 9 bis 12 und von 14 bis 17 Uhr geöffnet. Die meisten Geschäfte sind von 10 bis 19.30 Uhr geöffnet, Sa nur bis 18 Uhr, in der Altstadt **viele Läden auch sonntags.** Die Öffnungszeiten der Museen sind hier im Buch jeweils einzeln angegeben.

POST

Briefmarken *(timbres)* bekommt man zusammen mit Postkarten in Souvenir- und Tabakläden *(tabacs).* Karten und Briefe wirft man in die roten Briefkästen oder bringt sie zur Post.

Die **Hauptpost** liegt in der Nähe des Office du Tourisme (Metro Bellecour), eine weitere große Post gibt es an der Place des Terreaux (3 rue du Président Edouard-Herriot).

✉ **202** [D6] **Hauptpost La Grande Poste,** 10 place Antonin-Poncet (Metro Bellecour)

RADFAHREN

Seit dem Ausbau des linken Rhône-Ufers, der Berges du Rhônes, kann man in Lyon 5 km weit **am begrünten Ufer entlangradeln:** vom Parc de la Tête-d'Or mit dem frei zugänglichen Zoo ❷❾ und der Cité Internationale von Renzo Piano im Norden bis zum Park Gerland mit dem Fußballstadion im Süden der Stadt. Für Fahrradfahrer geeignete Ziele sind neben dem Parc de la Tête-d'Or die in der Stadt verteilten bemalten Hauswände (s. S. 56), insbesondere im Open-Air-Museum Tony Garnier der Cité Idéale im Quartier des Etas-Unis ❸❷.

Der Stadtverband bietet mit **Vélo'v** (www.velov.grandlyon.com) ein **Fahrradverleihsystem zur Selbstbedienung** mit 340 Stationen in Lyon und Villeurbanne. Auch viele Einheimische nutzen die Leihfahrräder. Insgesamt stehen **4000 Räder** zur Verfügung, man leiht sie per Kreditkarte am Automaten der Station und kann sie an jeder Station zurückgeben, vorausgesetzt, es ist ein Platz zum Einstellen frei. Für Besucher eignet sich die blaue Karte *Courte durée*. Sie kostet 1 € und gilt sieben Tage. Die ersten 30 Minuten sind kostenlos, eine weitere Stunde kostet 1 € und jede folgende 2 €.

Kommt man nicht auf Anhieb mit den Automaten klar, helfen die Lyoner bestimmt. Am besten prüft man zuerst den Zustand des Rads, insbesondere die Sattelhöhe und die Luft der Reifen. Vorn am Lenker haben die Räder einen Fahrradkorb und sind zum Schutz gegen Diebstahl stark beschwert, was das **Tragen über Treppen etwas anstrengend** macht.

SCHWULE UND LESBEN

Lyon ist eine **schwulen- und lesbenfreundliche Stadt.** Zu den Discos für Homosexuelle (und andere) zählen z. B. La Cour des Grands (s. S. 48) (alias La Chapelle), DV 1 Klub und Le Marais (s. S. 48). Infos zu Partys bekommt man unter www.elektrosystem.org und www.iloveboys-party.com. Als schwulen- und lesbenfreundliche Unterkünfte gelten z. B. L'Enghien (s. S. 118), das Hôtel de Paris (s. S. 120) und Le Patio des Terreaux (s. S. 121).

Im Internet informiert www.goudoulyon.com über die kulturellen Aktivitäten, Partys und Treffs der Schwulen- und Lesbenszene. ARIS, die älteste lokale Vereinigung für Homosexuelle, besteht seit über 27 Jahren und ist kultureller Treffpunkt und Infostelle. Beruflich orientiert ist Autre Cercle (www.autrecercle.org), sportlich engagiert Cargo (www.c-a-r-g-o.org). Im Juni trifft man die zahlreichen Vereinigungen als Organisatoren des Lesbian & Gay Pride Lyon an (www.fierte.net). Gratis gibt es das monatliche Homosexuellenmagazin Hétéroclite (www.heteroclite.org).

❶ 203 [D2] **ARIS (Accueil, Rencontres, Informations Service),** 19 rue des Capucins, Tel. 04 78271010, www.aris-lyon.org/
- ❯ **Hôtel de Paris** (s. S. 120)
- ❯ **La Cour des Grands** (alias La Chapelle) (s. S. 48)
- ❯ **L'Enghien** (s. S. 118)
- ❯ **Le Marais** (s. S. 48)

SICHERHEIT

Lyon ist im europäischen Vergleich **keine besonders gefährliche Stadt.** Man kann sich zu jeder Tageszeit frei bewegen, sollte sicher nicht unbedingt allein in dunklen Ecken herumlaufen und ansonsten dieselben Vorsichtsmaßnahmen gegen Diebstahl treffen wie zu Hause. Im Ernstfall die Polizei rufen oder die Bankkarte sperren lassen. Diebstähle aus versicherungstechnischen Gründen anzeigen. Wer nicht weiter weiß, kann sich auch an das Konsulat (s. S. 109) oder das Office du Tourisme (s. S. 110) wenden.

➥ 204 [C7] **Polizei,** 47 rue de la Charité, Tel. 04 78422656 (Notruf 17, 47)

SPRACHE

In Museen gibt es Audioguides (meist englisch), in vielen Restaurants und Hotels wird etwas deutsch

Französischkurse

In Lyon bieten mehrere Sprach-
schulen Französischkurse für Ausländer an. Diese beiden setzen auf
viel Sprachpraxis sowie die Begegnung und den Austausch mit Franzosen aus Lyon.

> **Eife2F,** 3 grande rue des
> Feuillants, Tel. 04 78390488,
> www.eife2f.com

> **Inflexyon,** 10 rue René Leynaud,
> Tel. 78397702, www.inflexyon.com

oder englisch gesprochen. Das Office
du Tourisme bietet **Führungen auf
Deutsch** an.

In Lyon wird ein Französisch gesprochen, dessen leichter **lokaler Ak-
zent** für Ausländer nicht hörbar vom
Standard abweicht. Es gibt einige lokale Ausdrücke, z. B. *caffi* (voll), *cani*
(café, bistro), *gone* (Kind), *licher* (trinken), *miaille* (Mund). Hilfreich sind
auch die Sprachhilfe (s. S. 126) und
die Liste kulinarischer Besonderhei-
ten (s. S. 33) in diesem Buch.

STADTTOUREN

Das Office du Tourisme (Fremdenverkehrsamt) Lyon bietet das ganze
Jahr über **themenspezifische Stadtführungen** (10–15 €, ermäßigt 5 €,
Kinder unter 8 J. frei) an, die meist an
der Place Bellecour **㉑** starten (zehn
Minuten vorher da sein). Eine Stadt-
führung (2–3 Std.) ist in der Lyon

Toiletten

Kostenlose öffentliche Toiletten
findet man in Lyons Altstadt neben
der Metrostation Vieux Lyon.

City Card (s. S. 16) inbegriffen. Man
kann sich telefonisch unter 0033 (4)
72776969 oder persönlich im Tourismusbüro an der Place Bellecour anmelden. Auf Wunsch werden auch
Audioguides verliehen bzw. Führungen auf Deutsch oder Englisch organisiert. Wer wenig Zeit hat, kann
sich für bestimmte Führungen vor
der Reise im Internet anmelden, direkt bezahlen, sich das Ticket aus-
drucken und zum Treffpunkt erschei-
nen (www.lyon-france.com, dann auf
visites guidées gehen und entsprechend auswählen).

Zu empfehlen sind die Führungen durch die Altstadt oder das Viertel La Croix-Rousse, bei denen „tra-
bouliert" wird (s. S. 14), z. B. *Maison
des Canuts et Traboules.* Die Oper
(s. S. 50), das Théâtre des Célestins
oder die prächtigen Villen rund um
die Place Bellecour kann man nur
im Rahmen von Führungen besichtigen. Die *guides* (**Fremdenführer) sind
professionell und sehr engagiert.** Bei
themenspezifischen Führungen wie
„Monster und Wasserspeier an Lyons
Kirchen" sieht man in kurzer Zeit vie-
les, das man allein kaum entdecken
könnte. Und es gibt auch Führungen
im Großraum Lyon *(Le Grand Lyon),*
z. B. zu den Gratte Ciel von Villeurs-
banne **㉚** und in die *banlieux* Vénissieux oder St Priest.

TELEFONIEREN

Für die **öffentlichen Telefone** in Frankreich braucht man eine *télécarte* (Te-
lefonkarte), die man in Tabakläden *(tabacs),* an Supermarktkassen,
bei der Post und in Bahnhöfen bekommt. Für Anrufe ins Ausland gibt
es ab 7,50 € auch Karten verschiedener Telefongesellschaften mit einem

TELEFONVORWAHLEN

Vorwahl von Lyon/Frankreich

❯ nach Deutschland: 0049
❯ nach Österreich: 0043
❯ in die Schweiz: 0041
Nach der Landesvorwahl die lokale
Vorwahl ohne 0 wählen

Vorwahl nach Frankreich

❯ D, A, CH: 0033
❯ nationale Auskunft in Frankreich: 12
❯ internationale Auskunft in Frankreich:
11 8700

Geheimcode. Dann ruft man von einer Telefonzelle oder einem Festnetztelefon (z. B. im Hotel) zunächst kostenlos die Nummer des Anbieters an, gibt seine Geheimzahl (auf der Karte notiert) ein und wählt dann die Nummer des Teilnehmers. In Telefonzellen mit dem Symbol der blauen Glocke kann man sich anrufen lassen. Am preiswertesten ist das Telefonieren in Internetcafés und über Skype.

Per **Handy** zu telefonieren ist in der Regel relativ teuer. Am besten erkundigt man sich vor der Reise und stellt den preiswertesten Roamingpartner manuell ein. Seit Juli 2010 liegen die Obergrenzen für Handytelefonate im EU-Ausland für abgehende Gespräche bei maximal 39 Cent pro Minute und für angenommene Telefonate bei maximal 15 Cent (jeweils plus Mehrwertsteuer). Noch billiger ist die Kommunikation per SMS. Wer viel telefonieren möchte, kauft sich bei einem Anbieter vor Ort eine Prepaidkarte.

▶ *Reinstes Renaissance-Feeling im Hotel Cour des Loges (s. S. 121). Im Innenhof gibt es sonntags Brunch.*

UNTERKUNFT

Es ist nicht ganz leicht, in Lyon günstige Unterkünfte zu finden, aber wer **im Voraus im Internet bucht**, profitiert je nach Auslastung der Hotels von Sonderangeboten. Hotels und auch in die privateren Chambres d'hôtes kosten ca. 45 bis 50 € pro Person (DZ mit Frühstück, Kategorie moderat). Am zentralsten übernachtet man in der Altstadt (Vieux Lyon) oder auf der Presqu'île. Die Unterkünfte auf den Hügeln von La Croix-Rousse und Fourvières bieten in der Regel Ruhe und einen schönen Blick auf die Stadt. La Guillotière, vom Stadtzentrum aus jenseits der Rhône gelegen, ist auch noch recht zentral und vergleichsweise preiswert.

HOTELKATEGORIEN

Für eine Übernachtung im Doppelzimmer (Preis pro Zimmer)	
€	bis 80 €
€€	80–140 €
€€€	ab 140 €

Eine Besonderheit der französischen Hotels ist die *taxe de* séjour (Kurtaxe). Sie beträgt 0,15 bis 1,40 € pro Tag und Person und ist nicht immer im Zimmerpreis inbegriffen. Frühstück bieten die meisten Hotels für 8 bis 12 € an (hier ist im Zimmerpreis eingerechnet). **Spartipp:** Bei der Touristeninformation nach dem Angebot „Bon Weekend à Lyon" erkundigen: Man bezahlt statt zwei Nächten im Hotel nur eine, wenn man 24 Std. vorher bucht und mindestens zwei aufeinanderfolgende Nächte eines Wochenendes bleibt, also Freitag und Samstag oder Samstag und Sonntag.

Realtiv günstige Chambres d'hôtes und Appartements für bis zu vier Personen (ab 50 € DZ) vermittelt folgende Zentrale :

205 [ak] **Bed and Breakfast,** 10 rue St-Fiacre, 0472320274, www.bb-lyon.com.

Hier seien ein paar Onlineportale für Buchungen per Internet genannt:

> www.lyonresa.com (Buchungsservice des Office du Tourisme)
> www.chambreslyon.com
> www.booking.com
> www.venere.com

GÜNSTIG

206 [B5] **Auberge de jeunesse (Jugendherberge)** €, 45 montée du Chemin Neuf, Metro Vieux Lyon bis Haltestelle Minimes, Tel. 04 78150550, www.fuaj.org, internationaler Jugendherbergsausweis erforderlich, in der letzten Dezemberwoche geschl. Lyons Jugendherberge liegt etwas versteckt oberhalb des Viertels St-Georges und ist zu Fuß über die steile Montée du Gourgillon zu erreichen. Dafür entlohnt ein herrlicher Blick über die Altstadt. Pro Zimmer vier bis sechs Betten (ca. 180 Betten insgesamt). Man kann

den Hanggarten und die Küche nutzen; es werden Ausstellungen und Konzerte organisiert.

207 [dl] **B & B Lyon Gambetta** €, 93 cours Gambetta, Metro Garibaldi, Tel. 04 92707534. Funktionales Chambre d'hôtes in La Guillotière mit gutem Preisleistungsverhältnis. Die Zimmer mit Badewanne kosten das Gleiche wie die ohne und sind etwas größer.

208 [en] **Ethic Etapes – CISL – Lyon** €, 103 bvd. des États-Unis, Tel. 04 37904242, Bus 36 vom Bahnhof Part-Dieu und Bus 53 ab Bellecour, www.cis-lyon.com. Hier können bis zu 180 Leute in einfacher, aber angenehmer Atmosphäre günstig übernachten, aber das internationale Zentrum bevorzugt Gruppen: Einzelreisende müssen sich rechtzeitig anmelden. Es gibt Aufenthaltsräume, TV und eine große, preiswerte Kantine und man kann Billard spielen. In der Nähe der bemalten Hauswände des Musée Tony Garnier, etwas außerhalb am Rand von Lyon. Zum Zentrum braucht man mit dem Bus ca. 25 Minuten.

209 [al] **La Grange de Fourvière** €, 86 rue des Macchabées, Metro Funiculaire St-Just, Bus 49 und 73 vom Bahnhof Perrache, www.grangedefourviere.fr, Tel. 04 72337445. Herzliche Gastgeber, ländliche Umgebung auf dem Hügel von Fourvière. Einige Zimmer haben einen Blick zur Kirche Ste-Irénée in St-Just. Das Wohnzimmer und eine kleine Küche können genutzt werden. Es wird auch ein kleines Häuschen für fünf bis sechs Personen vermietet.

210 [B7] **L'Enghien** €, 22 rue d'Enghien, Metro Perrache, Tel. 04 78374263, www.enghien-lyon.fr. Schwulen- und lesbenfreundliches Hotel mit zwölf modernen und farbenfrohen Zimmern. Alle haben ein Bad mit Dusche. Babybett gratis. Zusätzliches Bett 20 €. In dem gastfreundlichen Restaurant kann man traditionelle Lyoner Küche probieren.

Zentrale Lage zwischen dem Bahnhof Perrache und der Place Bellecour.

🏨 **211** [ci] **Hôtel de la Croix-Rousse** ᵉ, 157 bvd. de La Croix-Rousse, Metro Croix-Rousse, www.hotel-lyon-croix-rousse. com, Tel. 478282985. Die Zimmer zum Boulevard (vormittags Wochenmarkt) sind etwas lauter, die nach hinten haben z. T. einen schönen Blick über Lyon. Alle haben Bäder mit WC und Dusche. Ins Zentrum gelangt man relativ schnell über die Treppen der Montée de la Grande Côté.

🏨 **212** [ci] **Hôtel de la Poste** ᵉ, 1 rue Victor Fort, Metro Croix-Rousse, Tel./Fax 04 78286267. Günstige, aber gepflegte Zimmer in einem früheren Seidenweber-Hochhaus. Ideal, um in die Bars und Cafés an den Hängen von La Croix-Rousse auszuschwärmen. Reservierung ist zu empfehlen.

🏨 **213** [E8] **Hôtel des Falcultés** ᵉ, 104 rue Sébastien-Gryphe, Metro Jean-Macé, www.hoteldesfacultes.com, Tel. 04 78722265. Einfaches, aber akzeptables Hotel in der Nähe der Universität Lumière 2 in La Guillotière. Zur Altstadt geht man eine Viertelstunde zu Fuß. Die Zimmer mit Gemeinschaftsbad sind am günstigsten. WLAN gratis. Ab 20 Uhr und sonntagnachmittags ist die Rezeption nicht besetzt. Man bekommt einen Code, um die Tür zu öffnen.

🏨 **214** [E7] **Hôtel du Helder** ᵉ, 8 rue de Marseille, Metro La Guillotière, Tel. 04 78616161, www.helder.fr. Dieses Hotel mit 97 Zimmern liegt in La Guillotière, in der Nähe der Rhône, zur Altstadt sind es 15 Fußminuten. Die Zimmer sind in Ordnung, haben aber kein besonderes Flair.

🏨 **215** [D3] **Hôtel Iris** ᵉ, 36 rue de l'Arbre-Sec, Metro Hôtel de Ville, Tel. 04 78399380, www.hoteliris.fr. Das kleine Hotel hat 14 einladende Zimmer mit Bad und TV. Es befindet sich in der Nähe des Place des Terreaux im Gebäude eines ehemaligen Karmeliterklosters, das unter Denkmalschutz steht.

🏨 **216** [D3] **Hôtel Le Boulevardier** ᵉ, 5 rue de la Fromagerie, Metro Hôtel de Ville, www.leboulevardier.fr, Tel. 04 78284822. Kleines Hotel mit jungem Personal und einfachen Zimmern mit Bad und TV. Zentral in der Nähe der Place des Terreaux gelegen. Mit Bar und gutem Restaurant. Im Kellergewölbe gibt es ab und zu Jazzkonzerte oder Improvisationstheater.

🏨 **217** [B3] **Hôtel St-Paul** ᵉ, 6 rue Lainerie, Metro Vieux Lyon, Tram C3 Gare St-Paul, Tel. 04 78281329, www.hotelstpaul.fr. Hotel in einem Renaissancebau mit Wendeltreppe, sehr zentral in Vieux Lyon gelegen. Die Zimmer sind klein, aber sauber und funktional, einige haben Gemeinschaftsbäder. Vier Zimmer mit Badewanne und 140 cm Bett. WLAN gratis und Internet an der Rezeption.

🏨 **218** [D2] **Nos Chambres en Ville** ᵉ, 12 rue René-Leynaud, Metro Hôtel de Ville, Bus 6, 13 und 18, Tel. 04 78272230, www. chambres-a-lyon.com. Drei liebevoll eingerichtete, recht komfortable helle Zimmer in einem eleganten alten Haus. Familiäres Ambiente. Die Gäste können einen Teil des Wohnzimmers nutzen.

MODERAT

🏨 **219** [B4] **Artelit** ᵉᵉᵉ, 16 rue du Bœuf, Metro Vieux Lyon, Tel. 04 78428483, www. dormiralyon.com. Durch eine *traboule* im Vieux Lyon gelangt man zum Laden des Fotografen Frédéric Jean, der im Herzen des Renaissanceviertels drei einzigartige Chambres d'hôtes mit viel Licht, Fläche und individuellem historischen Flair vermietet. Nobel und spektakulär, aber man muss auch entsprechend in die Tasche greifen. Man hat die Wahl zwischen dem Chambre de la Tour Rose, der Suite 1565 und dem Appartement „Le Mourguet" mit 55 m².

220 [B3] **Collège Hôtel** €€, 5 place St-Paul, Metro Vieux Lyon oder Tram C3 Gare St-Paul, Tel. 04 72100505, www.college-hotel.com. Die 29 Zimmer sind komplett in weiß gehalten und recht klein, viele haben einen hübschen Blick über die Altstadt. Ein echtes Plus sind die große Dachterrasse und das witzige Design von Rezeption und Frühstücksraum mit alten Schulmöbeln aus Holz und Utensilien aus Schulklassen. Sympathisch und gut gelegen.

221 [C1] **Françoise Besson** €€, 6 Montée Lieutenant Allouche, Metro Croix-Rousse, Tel. 04 78296205, EZ/DZ und ein Appartment für bis zu sechs Pers. Vom Salon bietet sich ein herrlicher Panoramablick von La Croix-Rousse aus über Lyon. Die Zimmer sind ruhig, die Bäder mit Dusche und Bad befinden sich auf dem Flur. Die Besitzerin hat auch eine Kunstgalerie, stellt manchmal im Chambre d'hôtes Werke aus und möchte die Begegnung ihrer Gäste mit Lyons Kunstszene fördern.

222 [C3] **Hôtel de Paris** €€, 16 rue Platière, Metro Hôtel de Ville, Tel. 04 78280095, www.hoteldeparis-lyon.com. Schwulenfreundliches Hotel in der Nähe der Oper und der Altstadt mit 30 verschiedenen Zimmern. Die des Typs „cosy" haben meist große Badewannen. Großzügiges Frühstück. WLAN gratis.

223 [C5] **Hôtel des Artistes** €€, 8 rue Gaspard-André, Metro Bellecour, Tel. 04 78420488, www.hotel-des-artistes.fr. In diesem Hotel an der Place Célestins herrscht Künstlerflair: Theatralische rote Vorhänge, bemalte Wände. Die 45 Zimmer sind farblich klar und klassisch gestaltet. Zum Théâtre des Célestins sind es nur wenige Schritte.

224 [C5] **Hôtel des Célestins** €€, 4 rue des Archers, Metro Bellecour, Tel. 04 72560898, www.hotelcelestins.com. Dezent gediegen eingerichtete Zimmer mit Parkettböden zwischen dem Théâtre des Célestins und dem Place des Jacobins. Reichhaltiges Frühstück, WLAN. Zu

Lyons feinen Shoppingadressen ist es von hier aus nur ein Katzensprung.

🏨**225** [C6] **Hôtel du Dauphin** €€, 9 rue Victor Hugo, Metro Bellecour, Tel. 04 78371834, www.hoteldudauphin.fr. Das Hotel liegt in der Fußgängerzone, parallel zur Rue Auguste Compte mit etlichen Kunstgalerien und Antiquitätenläden. Parken kann man in der Tiefgarage unter der Place Bellecour oder auf dem Hotelparkplatz (nach Voranmeldung). Haustiere sind erlaubt. Die Zimmer sind komfortabel und funktional. WLAN.

🏨**226** [C5] **Hôtel du Théâtre** €€, 10 rue de Savoie, Metro Bellecour, Tel. 04 78423332, www.hotel-du-theatre.fr. Direkt vorm Hotel in einer ruhigen Straße in der Nähe des Théâtre des Célestins ist eine Leihfahrradstation (Vélo'v). Es bietet ein gutes Preis-Leistungs-Verhältnis und etwas altmodisch eingerichtete Zimmer mit Bad, Teppichböden, TV und einem kleinen Schreibtisch.

🏨**227** [D2] **Le Patio des Terreaux** €€, 9 rue Ste-Catherine, Metro Hôtel de Ville, Tel. 04 78281101, www.lepatiodesterreaux.fr. Schwule schätzen die komfortablen Zimmer mit Blick auf den Innenhof in diesem Hotel in einer Straße mit lebhaften Kneipen oberhalb des Place des Terreaux. Zur Oper oder den Hängen von La Croix-Rousse sind es nur wenige Schritte.

🏨**228** [C3] **Le Phénix** €€, 7 quai Bondy, Metro Vieux Lyon oder Tram C3 Gare St-Paul, http://hotellephenix.free.fr/, Tel. 04 78282424. An der Saône im Vieux Lyon in einem großen Renaissancebau aus dem 16. Jh. Sehr große restaurierte Zimmer mit Kaminen und Schreibtisch. Bei Geschäftsleuten beliebt. Häufig Ermäßigungen, wenn nicht ausgebucht.

◀ *Originell: Im Collège Hôtel werden Erinnerungen an die Schulzeit wach*

🏨**229** [aj] **Maison d'hôtes du Greillon** €€, 12 montée du Greillon, Bus 3 und 31 vom Bahnhof Perrache aus bis Greillon, Tel. 04 72291097 , www.legreillon.com. Die ersten drei Augustwochen geschl. Auf dem Fourvière-Hügel in dörflicher Umgebung mit Blick auf die Stadt (von den Zimmern im OG) und die Saône. Großzügiges Haus aus dem 19. Jh. mit Garten und Terrasse. Mit Küchen- und Wohnzimmernutzung.

🏨**230** [D3] **Moderne** €€, 15 rue Dubois, Metro Cordeliers, Tel. 04 78422183, www.hotel-moderne-lyon.com. Die 31 Zimmer in diesem Haus aus dem 19. Jh. haben TV, WLAN, Holzmöbel, geblümte Vorhänge und Kamine. Das Hotel liegt nah bei den Shoppingadressen und Sehenswürdigkeiten auf der Presqu'île.

🏨**231** [D6] **Un Jardin d'Hiver** €€, 10, Rue des Marroniers, Tel. 04 78286934, www.chambrehote-lyon.fr Das hübsche, angenehm modern eingerichtete Chambre d'hôtes in der Nähe der Place Bellecour hat zwei großzügige Zimmer und zwei Appartements für drei bis sechs Personen in der 3. Etage. Der Mindestaufenthalt in den Appartements beträgt vier Nächte. Sie liegen ruhig und münden in den Hof. Auf den Zimmern kann man sich Tee oder Kaffee kochen. WLAN-Hotspot.

GEHOBEN

🏨**232** [B4] **Cour des Loges** €€€, 6 rue du Bœuf, Metro Vieux Lyon, Tel. 04 72774444, www.courdesloges.com. Vier Renaissancehäuser aus dem 14. bis 17. Jh. wurden zu diesem Luxushotel mitten im Vieux Lyon zusammengefasst. Im Innenhof mit den hübschen florentinischen Arkaden der sandsteinfarbenen Loggia bekommen die Gäste das Frühstück und sonntags wird ein Brunch angeboten, bei dem auch Nichtgäste das noble Ambiente genießen können. Das Design des Hotels schuf das glamouröse französische Boutiquehotelpärchen

Jocelyne and Jean-Louis Sibuet. Jedes der 62 Zimmer ist anders eingerichtet, alle haben große komfortable Bäder. Hinter dem Hotel liegt ein hübscher Hanggarten. Es gibt einen Fitness- und Wellnessbereich mit kleinem Pool und Sauna. In der Hotelbar trinken auch die Lyoner gern mal einen Cocktail und das Restaurant nebenan, in dem Nicolas le Bec debütierte, zählt ebenfalls zu den besseren Adressen.

🏨 **233** [B4] **Villa Florentine** €€€, 25 montée St-Barthélemy, Metro Vieux Lyon oder Minimes, www.villaflorentine.com, Tel. 04 72565656. Diese noble und doch romantische Villa am Hang über der Altstadt geht auf das 17. Jh. zurück und ist

wohl Lyons schönstes Hotel. Verdiente fünf Sterne erhielt das Hotel, sobald diese Auszeichnung in Frankreich eingeführt wurde. Nicht nur von den luxuriösen Zimmern, auch vom Parkplatz, der Terrasse des Sternerestaurants (s. S. 80), dem Swimmingpool und dem Whirlpool reicht der Blick über die Dächer der Altstadt und zur Kathedrale St-Jean. Die Atmosphäre ist recht intim, denn das Haus hat nur 28 Zimmer. Die bessere Lyoner Gesellschaft kommt mit Vorliebe zum Essen hierher und das Hotel der Kette Château & Relais ist die ideale Adresse für eine Traumhochzeit.

🏨 **234** [C3] **Grand Hôtel des Terreaux** €€€, 16 rue de la Lanterne, Metro Hôtel de Ville, www.grand-hotel-terreaux-lyon. federal-hotel.com, Tel. 04 78270410. Das sehr zentral gelegene Hotel mit 53 Zimmern gehört zu den ältesten Lyons und befindet sich teilweise auf einstigem Klostergelände. Es bietet geräumige, dezent und individuell eingerichtete Zimmer. Die meisten liegen von der Straße abgewandt, sodass man gut schläft. Kurios ist der kleine, ganzjährig nutzbare Swimmingpool neben dem Frühstücksraum, der an die Gemäuer der einstigen Klosterkirche grenzt.

🏨 **235** [C6] **Hotel Royal** €€€, 20 place Bellecour, Metro Bellecour, Tel. 04 78375731, www.lyonhotel-leroyal.com. Das zentral gelegene Viersterne-Luxushotel mit der klassizistischen Fassade setzt auf familiären Charme des 19. Jh. Da sich hier u. a. die Hotelfachschüler des Institut Bocuse um das Wohl der Gäste kümmern, ist der Service etwas Besonderes und man bemüht sich stets um Perfektion. Der Empfangsraum neben der Rezeption ist wie ein Wohnzimmer mit historischem Charme eingerichtet. Gediegene Gemütlichkeit kann man auch beim Frühstück (Buffet für Nichtgäste 20 €) genießen, wo man sich wie zu Hause selbst aus dem Kühlschrank bedienen darf.

EXTRATIPP

Filmstar-Träume

Romantische Träume werden im Schloss Château de Bagnols inmitten von Weinbergen wahr. Jedenfalls für Leute wie Nicole Kidman und Tom Cruise, die schon zu den Gästen zählten. Keiner wundert sich, wenn reiche Russen mit dem Hubschrauber auf dem Gelände landen. Die Suiten sind eher luxuriöse Appartements, den Pool findet man in einem weitläufigen Schlossgarten, in den gotischen Kaminen wärmen ab Herbst echte Flammen und die restaurierten Fresken imponieren nicht nur Kunstkennern. Ein romantischer Traum, doch das Haus steht auch Besuchern offen, die das Beaujolais durchstreifen und hier nur einen Kaffee trinken, Atmosphäre schnuppern oder im gehobenen Restaurant (12–13.45, 19.30–21.45 Uhr, Menü 48–125 €) essen möchten.

🏨 **237** **Château de Bagnols** €€€, 69620 Bagnols, France, www.chateaudebagnols.fr, Tel. 474714000

CAMPINGPLÄTZE

⚠**236 Indigo International Lyon,** porte de Lyon, 69570 Dardilly, A6, Ausfahrt 33, Bus 89 ab Metro Gare de Vaise, Tel. 04 78356455, www.camping-indigo. com. 200 Stellplätze mit Schatten. Mit Swimmingpool, Restaurant und Bar mit großer Terrasse, Volleyballplatz, Tischtennisplatten.

⚠**238 Les Barolles,** 88 av. Foch, 69230 St-Genis-Laval, Bus 10 zur Place Bellecour in Lyon, Tel. 04 78560556, m.claudechapuis@wanadou.fr. Kleiner Platz mit 45 Stellplätzen im Süden, 7 km von Lyon entfernt. Ein Vorteil ist die gute Busanbindung.

VERHALTENSTIPPS

❭ Beim doppelten Begrüßungskuss **vorbei-küssen** und nur leicht die Wange berühren.

❭ Beim Restaurantbesuch warten, bis man einen **Tisch zugewiesen** bekommt.

❭ Zum Ausgehen **keine Turnschuhe** tragen, sonst kommt man in der Disco vielleicht nicht am Türsteher vorbei.

❭ Wenn man eingeladen wird, ein **kleines Gastgeschenk** mitbringen und nicht vergessen, nach dem Code für die Haustür zu fragen, denn oft gibt es an der äußeren Tür keine Klingel und keine Namensschilder.

❭ In Bus, Metro, Tram, Zug und TGV nicht vergessen, das Ticket nach dem Umsteigen noch einmal zu **entwerten.**

❭ Ein **freundliches „bonjour Madame"** oder „merci Monsieur" statt nur einfach „bonjour und merci" ist höflicher. Man wünscht sich auch gern „bonne continuation" zum Essen oder „bonne fin de journée" zum Abschluss des Tages.

▶ *Fahrten mit Metro und Bus sind in der Lyon City Card (s. S. 16) enthalten*

VERKEHRSMITTEL

METRO, TRAM, BUS

Lyon hat **vier Metrolinien,** die von A bis D benannt sind, und kostenlose Park-and-ride-Parkplätze. Die Metrotickets gelten für alle öffentlichen Verkehrsmittel, d. h. auch für die **drei Straßenbahnlinien** (Tram), **über 100 Buslinien** und **zwei Seilbahnen:** Eine einfache Fahrkarte (gültig für 1 Std.) kostet 1,60 €, ein *carnet* mit 10 Fahrkarten kostet 14 €. Zum Tarif *Liberté 2* (gültig für 2 Std., 2,50 €) hat man die Rückfahrt inklusive. Bei jedem Wechsel der Verkehrsmittel (Metro, Tram, Bus) muss man das Ticket abstempeln. Eine Tageskarte *(Liberté 1)* kostet 4,80 €. Mit der **Lyon City Card** kann man alle öffentlichen Verkehrsmittel Lyons unbegrenzt nutzen (s. S. 16).

Umfassende Auskünfte zu Fahrplänen, Tarifen und Strecken findet man im Internet auch auf Englisch unter www.tcl.fr (zum Herunterladen: Plans du Réseau, Tous les Plans bzw. Network Maps). Zu den Downloads zählt auch einen Plan mit den Nachtbuslinien. Sie fahren täglich ab 21 Uhr und die mit einem P für *pleine lune* gekennzeichneten Linien von Do bis Sa zwischen 1 und 4 Uhr. Die Metro fährt bis etwa 24 Uhr.

Hôtel de Ville.Louis Pradel

SEILBAHN

Ficelles (Bindfäden) heißen Lyons Seilbahnen im Volksmund. Im 19. Jh. bekam die Stadt mit zwei Hügeln gleich fünf Seilbahnen, zwei sind heute noch in Betrieb. Sie führen vom Viertel St-Jean **auf den Hügel von Fourvière** und sind Teil der Metro (s. u.). In nur fünf Minuten erreicht man das Plateau und die Basilika, die die Stadt überragt (Station Fourvière). Besonders bei schönem Wetter lohnt der Panoramablick. Zum römischen Theater fährt man Richtung St. Just bis zur Haltestelle Minimes.

> Metro: Vieux Lyon, Einzelfahrschein TCL (gültig 1 Std. in Seilbahn, Metro, Bus und Tram): 1,60 €; Hin- und Rückfahrt: 2,40 €

SCHIFFFAHRTEN

Die **Ausflugsboote** der Gesellschaft Navig'Inter (www.naviginter.fr, 1 Std. 9 €, Kinder 6 €) fahren von März bis Oktober, entweder auf der Saône bis zur Île Barbe oder auf der Rhône bis zum Zusammenfluss. Das Ausflugsschiff Hermès bietet das ganze Jahr über (außer im Februar) **Rundfahrten** mit Mittag- oder Abendessen an. Aussteigen kann man unterwegs nicht. Die Fahrkarten bekommt man im Office du Tourisme. Mit der Lyon City Card (s. S. 16) ist eine Schiffsrundfahrt kostenlos. Etwas exklusiver ist das Angebot der Gesellschaft Proactive (www.lesyachtsdelyon.fr). Sie vermietet **Privatjachten** für Ausflüge und Übernachtungen.

TAXI

Taxifahren in Lyon funktioniert **wie in Deutschland**. Man hält an der Straße ein Taxi an oder steigt in das erste der Warteschlange am Taxistand. Durchschnittlich lange Strecken innerhalb Lyons kosten ca. 10 €.

> **Allo Taxi:** Tel. 0897650550
> **Taxi-Radio:** www.taxilyon.com, Tel. 04 72100703
> **Abholservice vom Flughafen** oder Ausflüge, z. B. ins Beaujolais, bietet der sehr zuverlässige Bruno Lechalier in großen Taxis mit sieben Plätzen (Tel. 06 07326456, lechalierbruno@free.fr).

WETTER UND REISEZEIT

Der Sommer in Lyon ist ziemlich heiß und die Temperaturen erreichen zwischen Juni und September 25 bis 35 °C, wobei es im September abends recht kalt werden kann. Im Winter ist warme Kleidung notwendig, denn die Temperaturen liegen etwa bei 0 °C. Im Frühling ab Ende März ist mit Temperaturen zwischen 15 und 20 °C zu rechnen. Aktuelle **Wettervorhersagen** für Lyon: www.meteo-lyon.net.

Lyon ist **zu jeder Jahreszeit eine Reise wert**, aber besonders reizvoll ist die Stadt im Frühjahr und Sommer. Im August sind in Frankreich Ferien und die Stadt ist eher leer und heiß. Zur *rentrée* im September kehren die Städter und Studenten wieder zurück. Von Ende Juni bis Anfang Oktober haben Oper und Theater Sommerpause. Im Winter erreicht man von Lyon aus innerhalb von einer Stunde die zahlreichen Skigebiete der Region Rhône-Alpes oder kann Anfang November mit den Einheimischen die Ankunft des Beaujolais Nouveau feiern. Beim Lichterfest (jedes Jahr um den 8. Dezember), herrscht ein faszinierender Ausnahmezustand. Und: Lyon ist eine fantastische Adresse für das Weihnachtsshopping.

ANHANG

KLEINE SPRACHHILFE

REISEALLTAG UND ORIENTIERUNG

bonjour	guten Morgen/Tag
bonsoir	guten Abend
bonne nuit	gute Nacht
au revoir	auf Wiedersehen
salut	hallo/tschüs
ça va?	hallo wie gets?
ça va bien	danke gut
pardon	Entschuldigung
de rien/s'il vous plaît	bitte
merci	danke
je vous remercie	ich danke Ihnen
oui/non	ja/nein
d'accord	einverstanden/o.k.
à plus tard	bis später
pardon?	wie bitte?
c'est combien?	wie viel kostet es?
où se trouve ...?	wo ist ...?
je suis en train de chercher ...	ich bin auf der Suche nach ...
vous avez l'heure, s'il vous plaît?	wie spät ist es?
mon nom est ...	ich heiße ...
quel est ton/votre nom?	wie heißt du?/wie heißen Sie?
j'ai besoin de ...	ich brauche ...
je voudrais ...	ich möchte ...
pourriez-vous me donner ...	geben Sie mir bitte ...
quand?	wann?
qui?	wer?
qu'est-ce que c'est?	was ist das?
je ne comprends pas/rien	ich verstehe nicht (nichts)
parlez-vous l'Allemand?	sprechen Sie deutsch?
je m'excuse, je ne parle pas Français	tut mir leid, ich spreche kein Französisch

sortie	Ausfahrt/-gang	rue à sens unique	Einbahnstraße
station-service	Tankstelle	entrée	Eingang
essence	Benzin	ouvert/-e	geöffnet
à droite	rechts	fermé/-e	geschlossen
à gauche	links	hôtel	Hotel
tout droit	geradeaus	chambre individuelle	Einzelzimmer
information	Auskunft	chambre double	Doppelzimmer
poste	Postamt	grand lit	Doppelbett
gare	Bahnhof	lits jumaux	Einzelbetten
aéroport	Flughafen	avec/sans	mit/ohne
toutes les directions	alle Richtungen	salle de bain	Bad

cabinet	Toilette
douche	Dusche
avec petit-déjeuner	mit Frühstück
demi-pension	Halbpension
bagages	Gepäck
note	Rechnung
prix	Preis
magasin	Geschäft
carte de crédit	Kreditkarte
argent	Geld
guichet automatique	Geldautomat
cher/chère	teuer
bon marché	billig
payer	bezahlen

ZEITBEGRIFFE

heure	Stunde
jour	Tag
semaine	Woche
mois	Monat
année	Jahr
aujourd'hui	heute
hier	gestern
demain	morgen
le matin	morgens
le midi	mittags
l'après-midi	nachmittags
le soir	abends

WOCHENTAGE

lundi	Montag
mardi	Dienstag
mercredi	Mittwoch
jeudi	Donnerstag
vendredi	Freitag
samedi	Samstag
dimanche	Sonntag

MONATE

janvier	Januar
février	Februar
mars	März
avril	April
mai	Mai

juin	Juni
juillet	Juli
août	August
septembre	September
octobre	Oktober
novembre	November
décembre	Dezember

STRASSEN UND PLÄTZE

avenue	Avenue
boulevard	Boulevard
place	Platz
promenade	Promenade
rue	Straße

ZAHLEN

0	zero
1	un
2	deux
3	trois
4	quatre
5	cinq
6	six
7	sept
8	huit
9	neuf
10	dix
11	onze
12	douze
13	treize
14	quatorze
15	quinze
16	seize
17	dix-sept
18	dix-huit
19	dix-neuf
20	vingt
21	vingt-et-un
22	vingt-deux
29	vingt-neuf
30	trente
31	trente-et-un
40	quarante
50	cinquante
60	soixante

70	*soixante-dix*	300	*trois-cent(s)*
80	*quatre-vingt*	400	*quatre-cent(s)*
90	*quatre-vingt-dix*	500	*cinq-cent(s)*
100	*cent*	600	*six-cent(s)*
101	*cent-un*	700	*sept-cent(s)*
102	*cent-deux*	800	*huit-cent(s)*
110	*cent-dix*	900	*neuf-cent(s)*
138	*cent-trente-huit*	1000	*mille*
150	*cent-cinquante*	2000	*deux-mille*
200	*deux-cent(s)*	3000	*trois-mille*

IM RESTAURANT

je voudrais réserver une table	ich möchte einen Tisch reservieren
la carte, s'il vous plaît	die Speisekarte, bitte
la carte des vins	Weinkarte
l'addition, s'il vous plaît	die Rechnung, bitte

amuse bouche	Appetithappen	*grillé/-e*	gegrillt
le hors d'œuvre	Vorspeise	*nature*	in Salzwasser gekocht, ohne Gewürze
la soupe	Suppe		
le plat principal	Hauptgericht		
le dessert	Nachspeise		
la garniture	Beilagen	**Getränke**	
le plat du jour	Tagesgericht	*bière (pression)*	Bier (frisch gezapft)
le couvert	Gedeck		
le couteau	Messer	*bouchon*	Korken
la fourchette	Gabel	*bouchonné*	mit Korkgeschmack
la cuillère	Löffel		
le verre	Glas	*brut*	trocken (Sekt/Wein)
la bouteille	Flasche		
sel/poivre	Salz/Pfeffer	*café*	Kaffee
sucre/saccharine	Zucker/Süßstoff	*cidre*	Apfelwein
serveur/serveuse	Kellner/Kellnerin	*doux*	lieblich
		eau de vie	Schnaps, Obstbrand

Zubereitungsarten

à point	medium gebraten	*eau gazeuse/plate*	Mineralwasser mit/ohne Kohlensäure
bien cuit/-e	gut durchgebraten		
saignant	blutig/roh	*jus*	Saft
braisé/-e	geschmort	*lait*	Milch
chaud/-e	heiß	*thé*	Tee
glacé/-e	gefroren, geeist	*tisane/infusion*	Kräutertee
cru/-e	roh	*vendange tardive*	Spätlese
en crôute (de sel)	im (Salz-)Mantel	*vin blanc/rouge*	Weiß-/Rotwein
farci/-e	gefüllt	*vin mousseux*	Sekt

Speisen

agneau	Lamm
ail	Knoblauch
andouillette	Innereienwurst
aneth	Dill
artichaut	Artischocke
asperges	Spargel
assiette de fruits de mer	Meeresfrüchteteller
avocat	Avocado
betteraves	rote Beete
blette	Mangold
bœuf	Rind
boudin noir	Blutwurst
brebis	Schafskäse
brioche	süßes Hefebrot
brochette	Spießchen
cabri	Zicklein
cassoulet	Pfannengericht
canelle	Zimt
câpre	Kaper
carré (d'agneau)	(Lamm-)Rücken
cèpe	Steinpilz
cerise	Kirsche
champignon	weißer Champignon
chanterelles	Pfifferlinge
chèvre	Ziegenkäse
chevreuil	Reh
chou	Blumenkohl
civet	Ragout
consommée	klare Brühe
confit de	eingelegte
coquillage	Muscheln
côte de ...	Rippenstück vom ...
coupe de glace	Eisbecher
courgette	Zucchini
crème anglaise	Vanillecreme
crème Chantilly	Schlagsahne
crevettes	Krabben
dinde	Puter
escalope	Schnitzel/Schnitte
escargot	Schnecke
faisan	Fasan
fenouil	Fenchel
figue	Feige
fleur de courgette	Zucchiniblüte
foie gras	Stopfleber
fraise	Erdbeere
framboise	Himbeere
fromage blanc	Quark, Frischkäse
fruits confits	kandierte Früchte
gâteau	Kuchen
homard	Hummer
huître	Auster
île flottante	Dessert aus Eischnee in Vanillecreme
langoustine	Langustine
lapereau	Wildkaninchen
lapin	Kaninchen
lièvre	Hase
magret de canard	Entenbrust
marron	Esskastanie
meringue	weiches Baiser
morue	Kabeljau
moule	Miesmuschel
oignon	Zwiebel
pêche	Pfirsich
petits farcis	verschiedene junge Gemüse mit Füllung
poire	Birne
poireau	Lauch
poivron	große Paprika
pomme	Apfel
porc	Schwein
poulet	Hähnchen
profiterolles	mit Vanilleeis gefüllte Windbeutel in Schokoladensauce
rouget	Rotbarbe
sanglier	Wildschwein
saumon	Lachs
tarte tatin	heiße Apfeltarte
thon	Thunfisch
veau	Kalb

sound))) trip
in cooperation with
((piranha))
Musik im
REISE KNOW-HOW Verlag
REISE Know-How
East Africa
Northern Africa
South Africa
The Andes
Argentina
Australia
The Balkans
Baltic States
Barbados
Oriental Belly Dance
Northeast Brazil
Canada
Chile
China
Colombia
Cuba
Finland
Iceland
India
Ireland
Israel
Japan
Mexico
New Zealand
Norway
Russia,
St. Petersburg
Scotland
Switzerland
Turkey
Uruguay
Die Compilations der CD-Reihe sound))) trip stellen aktuelle, typische Musik eines Landes oder einer Region vor.
Im Buchhandel erhältlich | Unverbindl. Preisempf.:
EURO 15,90 [D]
Kostenlose Hörprobe im Internet.
www.reise-know-how.de

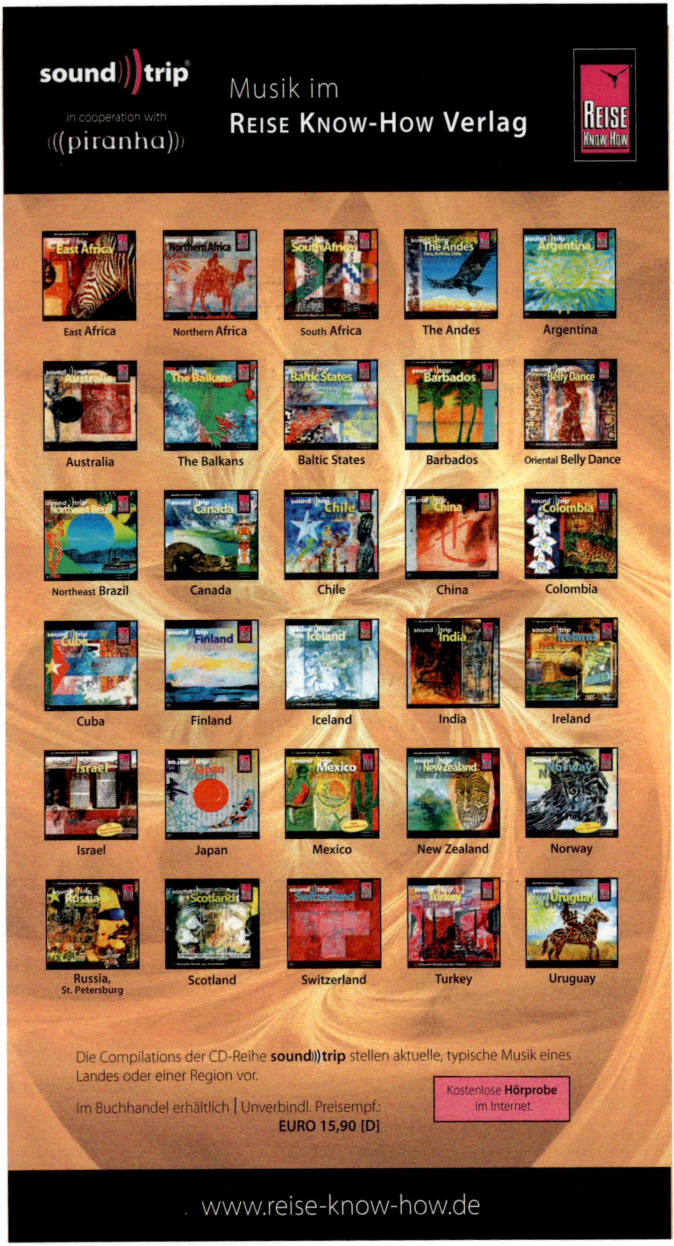

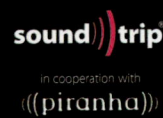

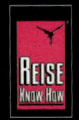

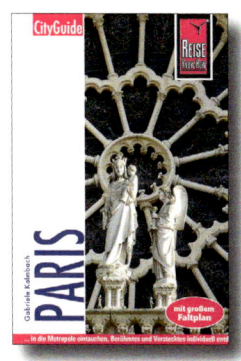
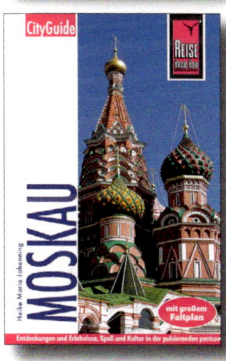
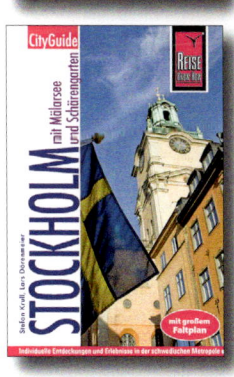

REGISTER

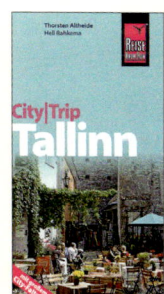

LEGENDE DER KARTENEINTRÄGE

ZEICHENERKLÄRUNG

❶	Bar, Treffpunkt
🄱 🄳	Bibliothek
❻	Biergarten, Pub, Kneipe
❺	Café, Eiscafé
🄶	Galerie
⚠	Camping
🛆	Geschäft, Kaufhaus, Markt
❀	Fischrestaurant
🏨	Hotel, Unterkunft
❾	Bistro, Imbiss
❶	Informationsstelle
@	Internetcafé
��	Jugendherberge, Hostel
⛪ ⛪	Kirche
➕ ✚	Krankenhaus, Arzt
Ⓜ	Metro
☪	Moschee
🏛	Museum
⊛	Musikszene, Disco
☎	Pension, Bed & Breakfast
🚩 ⚙	Polizei
✉ ✆	Post
🄌	Restaurant
★	Sehenswertes
🆂	Sport, Wellness
✡	Synagoge
◐ 🎪	Theater, Zirkus
🚊	Tram, Straßenbahn
❷	vegetarisches Restaurant
❾	Weinbar
▬	Stadtspaziergang (s. S. 8)

Hier nicht aufgeführte Nummern
liegen außerhalb der abgebildeten
Karten. Sie können aber wie alle im
Buch beschriebenen Örtlichkeiten
leicht in unseren speziell aufbereiteten
Internet-Karten lokalisiert werden
(siehe hintere Umschlagklappe).

1 cm = 10 k

|10 km |20 km |30 km

Diese Karte ist ein Ausschnitt aus der Landkarte „Frankreich" (world mapping project™) im Maßstab 1 : 1.000.000.